Käse

Käse

Das Handbuch für Genießer

Judy Ridgway

evergreen

EVERGREEN is an imprint of Benedikt Taschen Verlag GmbH

ÜBERSETZUNG AUS DEM ENGLISCHEN (FÜR AGENTS–PRODUCERS–EDITORS):
Karin Hirschmann
REDAKTION UND SATZ DER DEUTSCHEN AUSGABE:
Agents–Producers–Editors, Overath
UMSCHLAGGESTALTUNG:
Angelika Taschen, Köln

Printed in China
ISBN 3-8228-6382-3

Inhalt

Vorwort von **Ari Weinzweig**

Vor die Wahl gestellt, nur ein einziges Lebensmittel auf eine einsame Insel mitnehmen zu dürfen, würden sich die meisten meiner Bekannten für Schokolade entscheiden. Ich hingegen würde Käse wählen. Davon – und von einem guten Bauernbrot – könnte ich mich tagelang ernähren. Ich glaube, es gibt keinen Käse, den ich nicht genüßlich verspeisen würde, vorausgesetzt, er ist sorgfältig hergestellt worden und auf den Punkt gereift – angefangen von sahnig-frischem Ziegenkäse bis zu Blauschimmel-Klassikern wie Roquefort, Gorgonzola und Stilton. Ich könnte Cheddar aus der englischen Grafschaft Somerset oder aus dem US-amerikanischen Bundesstaat Vermont essen, gut durchgereiften Bergkäse aus der Schweiz oder aber einen cremigen Camembert. Wenn ich Appetit auf einen pikanteren Käse hätte, nähme ich einen scharfen Schafmilchkäse, wie man ihn in Süditalien und in Zentralspanien findet, einen sehr würzigen Pont l'Évêque oder ein Stück von einem zwei Jahre alten Parmigiano-Reggiano, meines Erachtens der beste Würzkäse der Welt. Die Auswahl ist schier unbegrenzt.

Wenn ich mich recht erinnere, mochte ich Käse schon immer. Als Kind bevorzugte ich noch Schmelzkäse in Scheiben. Später waren es dann abgepackter Cheddar und Schweizer Käse, wobei ich mir ziemlich sicher bin, daß es sich bei letzterem nicht um echten Schweizer Käse handelte. In den letzten 15 Jahren hat sich das Käseangebot beträchtlich verbessert, zudem gibt es heute viele Käsereien auch in Ländern, wo die Käseherstellung keine lange Tradition hat. Dort werden inzwischen eine ganze Reihe neuer Käsesorten kreiert, sei es Frischkäse, durchgereifter Blauschimmelkäse oder Cheddar in verschiedensten Varianten.

Insofern bin ich ziemlich sicher, daß dieses Käsehandbuch Ihnen wertvolle Dienste als Einkaufsführer leisten kann. Es paßt exakt in die Manteltasche, wiegt gerade so viel, daß Sie es problemlos zum Wochenmarkt mitnehmen und diskret darin blättern können, während Sie die Käsetheke durchforsten. Allen, die gern Käse essen und kaufen, vermittelt dieses Buch auf verständliche Weise wichtige Hintergrund- und Produktinformationen. In den Händen eines wißbegierigen und interessierten Konsumenten könnte dieses Handbuch dazu beitragen, die Qualitätsstandards aller Käseproduzenten anzuheben. Deshalb kann ich Ihnen nur raten: studieren, probieren und sich dem Käsegenuß hingeben. Es erwarten Sie die feinsten Käsespezialitäten. Ich hoffe, Sie genießen Ihre Schulung zum Thema Käse genauso, wie ich die meine genossen habe.

Erster Teil

Die Welt des Käses

Geschichte

Wann und wo der erste Käse entstand, weiß keiner so genau. Wie so vieles andere wurde wahrscheinlich auch der Käse etwa gleichzeitig an verschiedenen Orten »erfunden«. Als sicher gilt, daß Schafe schon vor etwa 12 000 Jahren domestiziert wurden und daß bereits die alten Ägypter Rinderzucht betrieben. Man kann wohl davon ausgehen, daß bald nachdem diese Tiere wegen ihrer Milch domestiziert worden waren, auch der erste Käse auftauchte.

Die Milch wurde in Lederbeuteln oder porösen Ton- bzw. Holzgefäßen aufbewahrt. Da solche Behältnisse nur schwer sauberzuhalten sind, dauerte es nicht lange, bis die Milch darin sauer wurde. Blieb die geronnene Milch stehen, setzte sich Flüssigkeit ab. Diese Molke wurde dann abgegossen, und übrig blieb eine feste, weiße Masse: eine einfache Variante von Frischkäse. So in etwa könnte der erste Käse entstanden sein.

Die Verwendung von Lab zur Gerinnung der Milch ohne vorausgegangene Säuerung war ein großer Fortschritt auf dem Weg der Käseherstellung. Wann dieses Gerinnungsmittel zum ersten Mal bewußt eingesetzt wurde, läßt sich schwer sagen. Fest steht aber, daß die Käseherstellung im 3. oder 4. Jahrhundert v. Chr. schon sehr viel differenzierter war. Neben der Verwendung von Lab kannte man in Europa zur Römerzeit bereits das Formen und Pressen von Käse.

Zur täglichen Verpflegung der römischen Soldaten gehörte neben Brot, Wein und Salz stets auch eine Portion Käse. Wo immer im römischen Weltreich eine Befestigungsanlage entstand, wurde auch die Kunst der Käseherstellung verbreitet.

Im Mittelalter wurden die Klöster in Europa zu wichtigen Agrarzentren. Käse war ein unverzichtbares Lebensmittel während der langen Fastenzeit, in der es verboten war, Fleisch zu essen. Die einzelnen Orden entwickelten im Laufe der Zeit viele verschiedene Käsesorten, wohl auch in der Absicht, ihren oft kargen und eintönigen Speiseplan aufzulockern. Dementsprechend gehen viele der heutigen Käsespezialitäten auf Mönche oder Nonnen zurück, etwa die Sorten Wensleydale, Pont l'Évêque und Tête de Moine. Vom späten Mittelalter bis zum Ende des 19. Jahrhunderts spezialisierte man sich in bestimmten Ländern zunehmend auf einzelne Käsetypen. Kamen etwa Hartkäse überwiegend aus den Schweizer Alpen, wurden weichere Käsesorten mit gewaschener Rinde und Oberflächenschimmel zu einem Markenzeichen Frankreichs.

Mit der zunehmenden Verstädterung wurde Käse zu einer begehrten und wirtschaftlich bedeutsamen Handelsware, die bald weit über die Landesgrenzen hinaus vermarktet wurde. Mit der Besiedlung der Neuen Welt durch die Europäer gelangten die traditionellen Methoden der Käseherstellung schließlich auch nach Übersee.

Früher wurde jeder Käse aus naturbelassener Milch (Rohmilch) hergestellt. Das änderte sich erst, als der französische Mikrobiologe Louis Pasteur 1854 ein die Käseherstellung revolutionierendes Verfahren erfand, bei dem die Rohmilch zur Haltbarmachung kurzzeitig erhitzt wurde, um so schädliche Mikroorganismen abzutöten. Während sich bis dahin meist nur Kleinbetriebe der sehr arbeitsintensiven Herstellung von Käse gewidmet hatten, wurde es durch das Pasteurisieren erstmals möglich, Käse in großen Mengen zu produzieren. Dazu wurde Milch unterschiedlicher Herkunft gemischt und kurzzeitig erhitzt. Die bedenklichen Mikroorganismen wurden zerstört, und das Ergebnis war ein hygienisch einwandfreies Produkt von gleichbleibender Qualität. Die Käseproduzenten konnten ihre eigenen Säuerungskulturen (Starterkulturen) einsetzen und gleichzeitig das Herstellungsverfahren besser kontrollieren.

Diese wissenschaftlich fundierten Methoden der Käseherstellung wurden in den letzten hundert Jahren zur Norm, und Großmolkereien verdrängten mehr und mehr die kleinen, traditionellen Käsereien. In vielen Ländern begannen die Käseproduzenten, die erfolgreichsten Käsesorten zu kopieren, mit dem Ergebnis, daß diese inzwischen an Individualität und Qualität eingebüßt haben.

Frankreich

Schon zur Römerzeit war Frankreich berühmt für seine guten Käse. Roquefort und Cantal wurden für wohlhabende Bürger bis nach Rom transportiert, und wahrscheinlich erwähnte bereits Plinius der Ältere diese Sorten in seiner *Historia Naturalis*, die er im 1. Jahrhundert n. Chr. verfaßte.

Anfangs wurde der Käse vermutlich in flachen Tonschalen (»Mortaria«) hergestellt. An der rauhen Innenseite dieser Gefäße konnten sich Milchsäurebakterien gut halten, was den Einsatz von Lab, Kräutern oder Molke als Gerinnungsmittel überflüssig machte. Die Flüssigkeit, die sich abgesetzt hatte, wurde über eine kleine Tülle abgegossen. In manchen Landesteilen Frankreichs wird Rahmfrischkäse noch heute so hergestellt.

Oben: *Cantal während der Reifezeit*

Inwieweit der Roquefort und der Cantal der Römerzeit den heutigen Käsespezialitäten ähneln, läßt sich schwer sagen, aber aller Wahrscheinlichkeit nach wurden die traditionellen Methoden der Käseherstellung nach dem Abzug der Römer beibehalten. Im 7. und 8. Jahrhundert waren dann unbestritten die Klöster für die Käseproduktion zuständig, was von Karl dem Großen tatkräftig gefördert wurde. Zahlreiche Anekdoten berichten, wie der Monarch neue Käsesorten probierte und sich seinen jährlichen Käsevorrat an den Hof kommen ließ.

Im Mittelalter hatten Brie und Comté ebenso wie Roquefort und Cantal einen festen Platz in der Käseproduktion, dazu wurden ständig neue Sorten entwickelt. Diese Entwicklung wurde noch gefördert durch die höfische Sitte, Käse als Zeichen der Hochachtung zu verschenken. Blanche von Navarra soll dem französischen König Jahr für Jahr zweihundert Käse geschickt haben, und der Dichter Charles von Orléans ließ den Damen, die er verehrte, Käse zukommen.

Zunehmend wurde auch auf Bauernhöfen Käse hergestellt, wodurch die Käseauswahl immer größer wurde. Ein Großteil der bäuerlichen Produktion basierte auf Schaf- und Ziegenmilch, doch im

Laufe der Zeit gewann die Kuhmilch, die fast ganzjährig verfügbar ist, zunehmend an Bedeutung. Die regionalen Käsemacher waren stets darauf bedacht, ihre Herstellungsverfahren geheimzuhalten, und viele konnten ihren Käse durch Gesetze und Verordnungen schützen. Heute genießen 34 Käsesorten in Frankreich Ursprungsschutz. Sie führen den Schutznamen einer kontrollierten Herkunftsbezeichnung, die Appellation d'Origine Contrôlée, kurz AOC genannt (s. auch S. 38).

Bis zum 15. Jahrhundert bestimmte die Zugehörigkeit französischer Familien zu einer sozialen Schicht, welche Rolle der Käse bei der Ernährung spielte. Bei den Armen stand Frischkäse oder kurz gereifter Käse auf dem täglichen Speiseplan, die Wohlhabenden dagegen genossen gereiften Käse nach einem opulenten Mahl. Sie konnten es sich auch leisten, sechs, acht oder gar zwölf Monate auf einen Käse zu warten, bis dieser die passende Reife hatte. Gegen Ende des 16. Jahrhunderts war dann Frischkäse in den oberen Gesellschaftsschichten sehr begehrt. Er wurde nicht nur nach dem Hauptgang gereicht, sondern auch in köstlichen Desserts und vielen erlesenen Pasteten verarbeitet.

Derzeit werden nach vorsichtigen Schätzungen zwischen 400 und 500 Käsesorten in Frankreich angeboten, so daß man theoretisch an jedem Tag des Jahres eine andere Sorte probieren könnte.

Die französischen Käseproduzenten wandten zwar auch das Pasteur-Verfahren an, doch Maßstab für den Molkereikäse war eigentlich immer der Rohmilchkäse aus bäuerlicher Produktion. Nachdem die Großmolkereien in letzter Zeit eigene Käsesorten ohne Vergleichsmöglichkeiten kreiert haben, sind die Qualitätsstandards leicht verwischt. Erstaunlicherweise haben viele dieser eher geschmacksneutralen Sorten auch in Frankreich ihre Liebhaber gefunden.

Rechts: *Käse und Wein – zwei Naturprodukte, die gut zusammenpassen.*

Großbritannien

Hartkäse wurde im britischen Inselreich bereits während der römischen Besetzung hergestellt, und es ist geschichtlich belegt, daß der Cheshire sogar in Rom zum Verkauf angeboten wurde. Die Römer mochten diesen Käse so sehr, daß sie alles nur Erdenkliche taten, um an das Rezept zu gelangen. Sie sollen sogar einen Käsemacher in Chester gehängt haben, als er sich weigerte, das Käserezept preiszugeben.

Oben: *Bonchester-Kühe in Roxburghshire*

Einfacher Weichkäse wurde vermutlich in flachen Schalen hergestellt, ähnlich denen, die in Frankreich vor dem Einfall der Römer gebräuchlich waren. Neben dieser primitiven Methode existierten im frühen Mittelalter auch weiterhin ausgefeiltere Herstellungsmethoden für Hartkäse, die wahrscheinlich von den walisischen und irischen Kelten übernommen wurden. Die Ausbreitung des Christentums und die wachsende Zahl der Klöster sorgten schließlich für ein erneutes Aufleben der Käseproduktion.

Zu jener Zeit beschränkte sich die Herstellung von Käse auf den Sommer, da die Kühe meist vor Einbruch des Winters geschlachtet wurden. Schaf- und Ziegenmilch waren bis zum 16. Jahrhundert genauso verbreitet wie Kuhmilch, und selbst Cheddar wurde wahrscheinlich anfangs noch aus Schaf- und Kuhmilch hergestellt.

Im Mittelalter wurde der Käse nicht nach seiner Herkunft, sondern nach seiner Teigbeschaffenheit eingeteilt. Da kaum Handel getrieben wurde, kamen die Erzeugnisse fast ausschließlich regional begrenzt zum Verkauf.

Aus entrahmter Milch hergestellter Hartkäse war im wahrsten Sinne des Wortes »hart«. Unter der Bezeichnung »weißes Fleisch« ernährte er Dienstpersonal und Landarbeiter. Der aus Vollmilch oder entrahmter Milch hergestellte Schnitt- oder Halbhartkäse, der eine kürzere Reifeperiode durchmachte, war dagegen sehr viel bekömmlicher. Frischkäse indes galt als Luxusware, die allein dem Gutsherrn und seiner Familie vorbehalten war.

SUFFOLK-KÄSE

Der schlechteste Hartkäse im Mittelalter stammte aus den »Butter-Regionen« Essex und Suffolk. An den Suffolk-Käse erinnert ein nicht gerade freundlicher Vers:

»Meine Erzeuger waren Rüpel,
sie machten mich härter als Stein.
Kein Messer kann mich schneiden, kein Feuer mich schmelzen,
die Hunde bellen mich an, aber können mich nicht fressen.«

Seinen schlechten Ruf verlor der Hartkäse erst im Laufe des 17. Jahrhunderts, als die Kuhmilch alle anderen Milcharten verdrängte und sich allmählich die traditionellen britischen Käsesorten herausbildeten. Händler kauften die besten Käselaibe auf den Bauernmärkten in Somerset, Gloucestershire und Lancashire auf, um sie dann in anderen Landesteilen, wo es keinen so guten Käse gab, feilzubieten.

Gegen Ende des 17. Jahrhunderts schlossen sich die Londoner Käsehändler zu einer inoffiziellen Gilde zusammen und begannen mit der Verschiffung von Käse auf Flüssen und sogar übers Meer. Der Cheddar machte sich allmählich einen Namen.

Rechts: *Mittelalterlicher Wandteppich mit einer melkenden Frau*

Anfänglich wurde er nur von den Reichen verzehrt, doch als sich die Bauern zu Genossenschaften zusammenschlossen, konnten sie größere Mengen zu einem günstigeren Preis herstellen.

Der Stilton wurde erstmals 1725 von Daniel Defoe erwähnt. Als dieser einmal England bereiste, führte ihn sein Weg auch durch den mittelenglischen Ort Stilton, wo er den gleichnamigen Käse probierte. Erstaunlicherweise finden sich keine früheren Hinweise auf Blauschimmelkäse, obwohl solche – etwa der Blue Wensleydale, der von Zisterziensermönchen in Yorkshire hergestellt wurde – schon lange vor dieser Zeit existiert haben müssen.

Oben: *Das Logo der Stilton Cheesemakers' Association*

Der Stilton, von den Engländern der »Königliche« genannt, ist zwar nie im gleichnamigen Ort hergestellt worden, wohl aber durch das dortige »Bell Inn« zu Ruhm gekommen. Besagter Gasthof wurde von Elizabeth Scarbrow mit Stilton beliefert. Das Originalrezept stammte vom nahegelegenen Gutshof Quemby Hall, wo Elizabeth als Wirtschafterin arbeitete und wo der Käse unter dem Namen Lady Beaumont's cheese bekannt war. Stilton ist heute der einzige englische Käse, der urheberrechtlich durch die Stilton Cheesemakers' Association geschützt ist.

Früher ließ man den Stilton weitaus länger reifen, als dies heute üblich ist. Defoe berichtet, daß der Käse von einer dicken Schicht Milben oder Maden bedeckt war und mit einem Löffel serviert wurde, um diese Schicht vor dem Verzehr entfernen zu können. Dennoch erfreute er sich derartiger Beliebtheit, daß ihn das »Bell Inn« zu einem Preis verkaufte, der bis Mitte des 20. Jahrhunderts nie wieder erzielt werden konnte.

Aus Schottland stammt ein kleiner Frischkäse namens Caboc der nach einem Rezept aus dem 15. Jahrhundert hergestellt wurde. Der überwiegende Teil der Milch wurde jedoch zu Butter verarbeitet.

In Irland beschränkte sich die Käseherstellung anfangs auf kleine Mengen Frischkäse und gereiften Käse. Inzwischen hat sich das Käsesortiment jedoch um einige sehr gute Farmhouse-Käse erweitert.

Als Wissenschaftler im 19. Jahrhundert den Gärungsprozeß (Fermentation) zu durchschauen begannen, expandierte die britische Käseherstellung gewaltig. Das Pasteur-Verfahren und maschinelle Verfahren verdrängten die traditionellen Methoden viel stärker als etwa in Frankreich. Lange Zeit waren die klassischen britischen Käsesorten von mittelmäßiger bis schlechter Qualität.

Allerdings ist seit einigen Jahren eine Zunahme kleiner Produktionsbetriebe und eine steigende Nachfrage nach qualitativ und geschmacklich gutem Käse zu verzeichnen, so daß heute wieder traditionelle, von Hand hergestellte Käsesorten angeboten werden. Außerdem gibt es fast überall im Land eine Vielzahl neuer Käsesorten aus bäuerlicher Produktion.

Oben: *Cropwell Bishop Village mit der Käserei auf der linken Straßenseite*

Italien

Die Käseherstellung hatte in Italien die besten Voraussetzungen. Frische Milch war den alten Römern ein Greuel, deshalb verarbeiteten sie die überwiegend von Ziegen und Mutterschafen stammende Milch zu Käse und benutzten zum Dicklegen Feigensaft. Mit der Einführung von Molke wurde die Käsebereitung verfeinert, und im 1. Jahrhundert v. Chr. konnte man bereits unter vielen Käsesorten wählen. Die Römer kochten viel mit Käse; typisch waren Gebäck und Brote unter Verwendung von Käse und Honig, Kuchen mit Käse und sogar Süßigkeiten mit Käsegeschmack.

Größter Beliebtheit erfreuten sich Frischkäse, die oft mit Kräutern oder Gewürzen aromatisiert waren. Serviert wurden sie zu jeder Tages- und Nachtzeit als Zwischenmahlzeit oder als Bestandteil eines förmlicheren Essens. Schon früh wurden mit Lab dickgelegte, gebrühte und geräucherte Käse sowie die körnigen Grana-Käse wie der Parmesan hergestellt. Wohlhabende Römer konnten darüber hinaus auf französische, griechische und auch britische Käsespezialitäten zurückgreifen.

Unten: *Mozzarella im Salzbad*

Im frühen Mittelalter waren es religiöse Gemeinschaften, die, insbesondere in der Po-Ebene, die Traditionen der Käseherstellung pflegten. Gorgonzola und Parmesan wurden bereits im 13. Jahrhundert regelmäßig in Norditalien produziert. Als die Mönche die Feuchtwiesen in der Po-Ebene ausdehnten, um noch mehr saftiges Weideland zu gewinnen, verdrängte die Kuhmilch nach und nach die Schafmilch, die bis dahin Ausgangsmaterial für diese Käsesorten gewesen war.

Einer der ersten Hinweise auf Parmesan findet sich in Boccaccios *Decamerone* aus dem 14. Jahrhundert. Darin ist die Rede von einem »riesigen Berg von feingeriebenem Parmesan, auf dem Menschen stehen, die nur damit beschäftigt sind, Makkaroni und Ravioli herzustellen«. Des weiteren heißt es, daß all diese Köstlichkeiten »nach dem Kochen im Käse gewälzt wurden, um ihnen eine besondere Würze zu verleihen«.

Oben: *Rühren und Zerschneiden der dickgelegten Milch zum Käsebruch*

Das restliche Italien ist nicht mit so fettem Weideland wie in der Po-Ebene gesegnet, und so lieferten weiterhin hauptsächlich Schafe das Rohmaterial für Käse. Daher sind die Toskana, Latium, Kampanien, Sardinien, Apulien und Sizilien allesamt berühmt für ihren allgemein Pecorino genannten Schafkäse.

Die verschiedenartigen geographischen Bedingungen in Italien führen dazu, daß das reiche Sortiment an Käse allmählich eine ernsthafte Konkurrenz für französischen Käse darstellt. Im Norden, auf den Hochweiden der Alpen, wird ein ganz spezieller Bergkäse hergestellt. Die Sumpfgebiete im Süden des Landes bieten dagegen ideale Lebensbedingungen für Wasserbüffel, aus deren Milch der traditionelle Mozzarella gemacht wird. Woher die Büffel ursprünglich kommen, weiß niemand so genau. Fest steht aber, daß bis zu Beginn des 19. Jahrhunderts die Büffelzucht in zahlreichen Regionen Italiens verbreitet war. Die Tiere waren auf den Weiden mehr oder weniger sich selbst überlassen, nur zum Melken wurden sie zusammengetrieben.

Wie in Frankreich haben auch in Italien das Festhalten an Traditionen und der hohe Qualitätsanspruch dazu geführt, daß es trotz Zunahme industrieller Fertigungsmethoden weiterhin hochwertiger Käse aus bäuerlicher Produktion gibt.

Schweiz

Schweizer Käse kann eine ebenso lange und ruhmreiche Geschichte wie der französische Käse vorweisen. Viele Jahrhunderte vor Christi Geburt übten sich bereits die Kelten in der Käseherstellung, indem sie über einem Holzfeuer die zur Gallerte geronnene Milch in rauhwandigen Gefäßen mit einem Kiefernzweig zerschnitten und rührten. Der fertige Käse hatte eine dermaßen harte und undurchlässige Rinde, daß ihm weder die Zeit noch die Witterung etwas anhaben konnten.

Dieser keltische Käse war wie geschaffen für das einsame Leben in den Bergen, wo kleine Dörfer im Winter oft monatelang eingeschneit und von der Außenwelt abgeschnitten waren. Wahrscheinlich handelte es sich dabei um den Vorläufer der oft kopierten Bergkäse wie Greyerzer (Gruyère) und Emmentaler.

Namentlich erwähnt wurde der Greyerzer erstmals im Jahre 1115 in den Kirchenbüchern der Abtei Rougemont unweit des Städtchens Greyerz. Eine weitere sehr alte Käsesorte ist der Vacherin Fribourgeois. Er wurde bereits im Jahre 1448 königlichen Gästen gereicht.

Käse diente in der Schweiz als Statussymbol, und der Reichtum einer Familie wurde am Alter und an der Menge des im Keller gelagerten Käses gemessen. Kein Wunder in einem Land, das Käse als Zahlungsmittel benutzte. Nicht zuletzt war Käse auch das traditionelle Geschenk zur Geburt eines Kindes.

Die Schweizer treiben schon seit römischer Zeit mit ihrem Käse Handel, und einige Sorten sind inzwischen so berühmt, daß Maßnahmen zum Schutz des heimischen Marktes ergriffen werden mußten.

Schweizer Käse wird aus Rohmilch hergestellt, und die traditionellen Herstellungsmethoden haben die Einführung der industriellen Verfahren recht gut überstanden. Käse aus der Schweiz unterliegt der strengen Qualitätskontrolle der Kantonsgenossenschaften. Kein Kanton darf eine Käsesorte erzeugen, die nicht auch ursprünglich aus diesem Gebiet stammt.

Rechts: *Einige Schweizer Käsespezialitäten*

Niederlande und Deutschland

In den Niederlanden wird die Käseherstellung erstmals im 9. Jahrhundert n. Chr. urkundlich erwähnt. Aus Schriften geht hervor, daß der für den Hof Karls des Großen bestimmte Käse in Friesland erzeugt wurde.

Im Mittelalter hatte die Käseherstellung bereits ihren festen Platz in der Gesellschaft. In Haarlem, Linden und Leeuwarden gab sogar eine spezielle Institution *(Kaaswaag)*, wo über Größe und Gewicht der Käselaibe gewacht wurde.

Oben: *Der berühmte Käsemarkt im holländischen Alkmaar, wo Gouda und Edamer feilgeboten werden*

Die ersten holländischen Käser entwickelten Käsesorten, die erstaunlich lange haltbar und somit auch gut zu transportieren waren. So wurden sie über den Landweg nach Deutschland befördert und von dort an die Ostsee- und Mittelmeerküste verschifft. Holländischer Käse wurde teilweise bis in ferne Gebiete gebracht: in die niederländischen Kolonien in Südostasien und bis nach Südamerika. Heute ist der niederländische Käseexport so erfolgreich, daß Holland für viele ein Synonym für Käse ist.

In Deutschland wird zwar auch Hartkäse hergestellt, aber jahrhundertelang war dort selbstgemachter Frischkäse ohne Zugabe von Lab Tradition. Die moderne Variante dieses Käsetyps, der Quark, macht immer noch etwa die Hälfte der deutschen Käseproduktion aus. Seit dem Mittelalter wurde auch Lab verwendet, doch die heute verkauften deutschen Hartkäsesorten sind nicht älter als 150 Jahre. Meist handelt es sich bei diesen Sorten um Kopien aus anderen Ländern. Der Limburger beispielsweise stammt ursprünglich aus Belgien, der Münster aus Frankreich, und der Allgäuer Emmentaler basiert auf dem Schweizer Original.

Alle Käsesorten in den Niederlanden und in Deutschland müssen aus pasteurisierter Milch hergestellt werden. Die Produktion erfolgt in Großkäsereien. Insgesamt können sich die Erzeugnisse sehen lassen.

Skandinavien

Oben: *Kreuzkümmel – die traditionelle Käsewürze*

Käse ist gewiß nicht das erste, was einem spontan zu den Wikingern einfällt. Doch erstaunlicherweise sollen im 9. Jahrhundert von den Mauren gefangengenommene Wikinger ihr Leben dadurch gerettet haben, daß sie diese in die Käseherstellung einweihten. Die in der Viehzucht erfahrenen Wikinger reisten per Schiff mitsamt ihrem Milchvieh, und wo immer sie sich niederließen, kreuzten sie die Tiere mit einheimischen Rindern. Rinderrassen wie Guernsey und Gloucester sowie die großen braunen Rinder der Normandie stammen in direkter Linie von diesen Tieren ab.

Der erste skandinavische Käse von Bedeutung wurde wahrscheinlich in Dänemark hergestellt, wo die Bevölkerung Ziegen, Schafe und Rinder hielt. Dennoch hat Dänemark nicht sehr viele eigene Käsesorten hervorgebracht. Wie in Deutschland wurden auch hier die meisten Sorten nachgeahmt. Trotzdem stand die Käseherstellung in hohem Ansehen, und mit der Größe der Käselaibe stieg auch die Wertschätzung der Käsemacher. Einige Käse waren so riesig, daß es mehrerer Männer bedurfte, um die Laibe anzuheben.

In Norwegen und Schweden waren die ersten Käse recht kräftig im Geschmack und lange haltbar, wie z. B. der Gammelost, der schon die Wikinger auf ihren langen Schiffsreisen ernährt hatte. Rauchkäse und mit Kreuzkümmel oder Nelken gewürzte Käse waren wegen ihrer guten Lagerfähigkeit ebenfalls sehr beliebt.

Bis zum 18. Jahrhundert dienten Nahrungsmittel generell auch als Zahlungsmittel, unter anderem zur Begleichung der Kirchensteuer. In Gebieten, wo Weideland im Besitz der Kirche war, mußten Außenstände in Form von Milch oder Käse beglichen werden. Geistliche tauschten den Käse dann gegen andere Waren ein. Bis heute spricht man daher landläufig von Prästost (»Priesterkäse«).

Die skandinavische Käseproduktion erfolgt heute in Großkäsereien unter Verwendung von pasteurisierter Milch.

Spanien und Portugal

Spanien ist ein Land mit sehr unterschiedlichen Klimazonen. Zentral- und Südspanien sind heiß und trocken, der Nordwesten und Galizien dagegen haben saftig-grüne Täler und Hügel. Da früher überwiegend Schafe gehalten wurden, enthalten die traditionellen spanischen Käsesorten allesamt Schaf- oder Ziegenmilch. In jüngerer Zeit gewinnt aber auch Käse aus Kuhmilch an Popularität. Die Milch stammt aus dem Nordwesten des Landes und von den Balearen. Sie wird sowohl zu neuen Käsesorten verarbeitet als auch für die Herstellung traditioneller Sorten wie Cabrales und Picón verwendet, die meist aus einem Gemisch verschiedener Milcharten erzeugt werden.

Einst wurde die gesamte spanische Käseproduktion im eigenen Lande verzehrt, doch zunehmend gelangen spanische Käse auf den internationalen Markt. Diesem späten Aufschwung ist es wohl auch zuzuschreiben, daß Spanien erst 1981 ein Klassifizierungssystem für Käse mit kontrollierter Herkunftsbezeichnung herausbrachte.

Im Vergleich zu spanischem Käse ist portugiesischer Käse außerhalb der Landesgrenzen kaum bekannt. Das liegt vor allem daran, daß die in Portugal produzierte Käsemenge gering und die Nachfrage groß ist. Der Käse wird größtenteils für den Eigenbedarf hergestellt. Dies gilt auch für den wichtigsten Käse, den Queijo da Serra (»Bergkäse«), der aus unbehandelter Ziegen- oder Schafmilch hergestellt wird. Der Queijo de Serra ist insofern interessant, als die meisten Bauern zum Dicklegen der Milch kein Lab verwenden, sondern auf pflanzliche Substanzen wie Labkraut oder bestimmte Distelarten zurückgreifen. Die Qualität ist dabei zum Teil sehr gut.

Unten: *Ein Blick auf die galizische Landschaft*

Vereinigte Staaten von Amerika

Die USA sind heute der weltweit größte Käseproduzent, obwohl die industrielle Herstellung von Käse erst 1851 begann. Seit dieser Zeit sind unzählige Produktionsstätten hinzugekommen, die diverse Käsesorten herstellen, doch der Löwenanteil der Käseproduktion entfällt auf Cheddar und cheddarähnliche Sorten.

Es gibt kaum typisch amerikanischen Käse, und man könnte durchaus behaupten, daß auch Colby und Jack dem Cheddar nachempfunden sind und daß Brick und Liederkranz stark an den Limburger erinnern. Das ist auch nicht weiter verwunderlich, da im Grunde jeder Käse aus einem anderen Land importiert wurde. Die ersten Käse, die auf amerikanischem Boden hergestellt wurden, waren die Sorten aus der Heimat der jeweiligen Siedler. Mangels eigener Käsetradition verzehren die Amerikaner noch immer den in den meisten Supermärkten angebotenen Einheitskäse und verwenden große Mengen an Schmelzkäse und Käseersatz.

In letzter Zeit sind innovative Käsehändler jedoch zunehmend bemüht, ihre Kundschaft für guten Käse zu begeistern. Zu diesem Zweck importieren sie nicht nur Käse aus Europa, sondern unterstützen auch tatkräftig die heimischen Käseproduzenten, die zum Teil erstklassige Ware anbieten. Erzeugnisse wie Tillamook Cheddar aus Oregon, Vella's Bear Flag Dry Jack aus Kalifornien, Maytag aus Iowa und Old Kentucky Tomme zeugen davon. Darüber hinaus wächst die Zahl der Kleinproduzenten mit einem reichhaltigen Angebot an Ziegenkäse.

Oben: *Die Maytag Dairy Farm in Iowa*

Australien und Neuseeland

Die australische Käseherstellung begann Anfang des 19. Jahrhunderts in Neusüdwales mit Cheddar. Bald folgten andere Bundesstaaten, und fortan wurde über einen Zeitraum von rund hundert Jahren auf den Farmen Cheddar in unterschiedlichen Reifegraden produziert.

Mit den Einwanderern gelangten weitere Herstellungsmethoden für Käse auf den Kontinent, so daß es heute dort allerlei Abwandlungen von Käseklassikern aus zahlreichen europäischen Ländern gibt.

Neuseeland erfreut sich ebenfalls einer florierenden Käseindustrie mit einer erstaunlichen Vielfalt. Dennoch ist und bleibt der Cheddar die am weitesten verbreitete Sorte in Neuseeland.

Der Rest der Welt

Kanada ist zwar kein typisches Käseland, was den Verzehr und die Produktion betrifft, aber sein vorzüglicher Cheddar hat weltweit schon viele Anhänger gefunden.

Belgien und Österreich produzieren seit jeher guten Käse, standen aber schon immer im Schatten ihrer Nachbarn. Allerdings ist man in Belgien derzeit bemüht, ein neues Sortiment moderner Fabrikkäse einzuführen.

In Griechenland und auf dem Balkan, wo Schafe und Ziegen die Milch liefern, besitzt Käse einen hohen Stellenwert. Ein Großteil des dortigen Käse-Angebots besteht aus in Lake eingelegtem Frischkäse wie dem Feta. Daneben gibt es auch gepreßte und gereifte Sorten wie Kefalotiri oder aber den Lake-Käse Halloumi, der in der Türkei, auf Zypern und im Nahen Osten hergestellt wird. Rußland produziert ebenfalls Riesenmengen an Käse, führt aber keinen aus.

Die Briten und Niederländer, die sich in Südafrika ansiedelten, hielten an ihren Methoden der Käseherstellung fest, und so herrschen dort cheddar- und goudaähnliche Käse vor. Auf Gutshöfen wird außerdem Käse nach bäuerlicher Tradition aus Rohmilch erzeugt.

Von Kleinasien aus breitete sich das Wissen von der Käseherstellung auch nach Osten aus, blieb aber rudimentär. So wird beispielsweise in Indien ein quarkähnlicher Käse namens Paneer hergestellt.

Die Südamerikaner konnten sich indes nie so recht für die Käsekultur begeistern; sie betreiben die Rinderzucht vor allem des Fleisches wegen. In Mittelamerika, Afrika und Teilen Südostasiens ist es ohnehin viel zu heiß für die Käseproduktion.

Die Herstellung von Käse

Die Grundprinzipien der Käseherstellung sind für alle Sorten – mit Ausnahme der ungereiften Frischkäse – gleich, dennoch bleibt genügend Spielraum für unzählige Variationen. Hier kommt die Kunst der Käsemacher ins Spiel. Ihr handwerkliches Geschick hat viele hundert Käsesorten hervorgebracht.

Im wesentlichen entsteht Käse durch das kontrollierte Abtrennen fester Milchinhaltsstoffe von der Molke. Im ersten Stadium der Verkäsung wird die Milch gesammelt und vorbereitet. Das zweite Stadium betrifft das Dicklegen der Milch – die Bereitung des Bruchs. Im dritten Stadium wird der Käsebruch auf die erforderliche Korngröße zerschnitten, dann erhitzt (»gebrannt«) und gesalzen. Abschließend wird der Käse weitergelagert, bis er fertig gereift ist.

Jeder einzelne Schritt ist eminent wichtig – nicht nur für die Qualität, sondern auch für die Klassifizierung der Käse. So wirkt sich beispielsweise das Zerteilen des Käsebruchs auf die Beschaffenheit des Käseteiges und das Salzen auf die Käsereifung aus.

Die Verkäsung ist ein derart komplexes Verfahren und die Behandlung jedes Käses so individuell, daß selbst zwei Laibe von ein und derselben Milch und bei identischem Herstellungsverfahren nicht unbedingt gleich schmecken. Während das bei echtem Bauernkäse gerade reizvoll ist, versuchen hingegen die Massenproduzenten Käse eines bestimmten Typs einen gleichbleibenden Geschmack zu verleihen.

Gewinnung und Vorbereitung der Milch

Ob die Milch direkt vom Hof kommt oder – wie bei Großkäsereien – im Tankwagen angeliefert wird, immer ist peinliche Sauberkeit erforderlich. Dies ist vor allem dann problematisch, wenn die Milch von verschiedenen Höfen stammt. Die meisten Kleinbetriebe verwenden naturbelassene Milch (Rohmilch) zur Käseherstellung, während die größeren Käsereien die angelieferte Milch fast immer pasteurisieren.

Milch ist ein Rohstoff, der von Lieferung zu Lieferung variiert, und diese Unterschiede machen sich auch im fertigen Produkt – dem Käse – bemerkbar. Das Pasteurisieren soll die Milch daher auch für die Weiterverarbeitung standardisieren.

Das Ergebnis ist ein genormtes Produkt, sauber und wohlschmeckend, aber ohne besonderen Charakter.

Die kleinen Käsemacher operieren indes bewußt mit den natürlichen Schwankungen. Trotz gelegentlicher Mißerfolge können sie dann mit Käse aufwarten, der in Konsistenz und Geschmack seinesgleichen sucht. Für viele Käsekenner ist der Unterschied zwischen Rohmilchkäse und Käse aus pasteurisierter Milch genauso gravierend wie zwischen Spitzenwein und gewöhnlichem Tafelwein. Sie glauben, daß die natürliche Bakterienflora, die die Reifung des Käses bewirkt und damit auch seinen typischen Geschmack prägt, durch das Pasteurisieren zerstört wird. Angeblich verzögert die Wärmebehandlung auch die Aktivität der Labenzyme, was wiederum bedeutet, daß der Käsebruch Aroma und Konsistenz nur langsam optimal entwickeln kann.

In Ländern wie Dänemark, Deutschland und den Niederlanden gibt es gesetzliche Vorschriften, wonach Kuhmilchkäse nur aus pasteurisierter Milch hergestellt werden darf. In den USA gilt diese Verordnung für alle Käse, die weniger als 60 Tage reifen. Andere Länder lehnen dagegen solche Gesetze ab, weil Rohmilchkäse keine gesundheitlichen Risiken birgt, wenn die strengen Hygienevorschriften in der Molkerei eingehalten werden. Und tatsächlich sind bislang weniger Krankheitsfälle mit Rohmilchkäse als mit Käse aus pasteurisierter Milch aufgetreten. Selbst die wenigen bekannten Fälle der Infektionskrankheit Listeriose waren fast sämtlich auf pasteurisierten

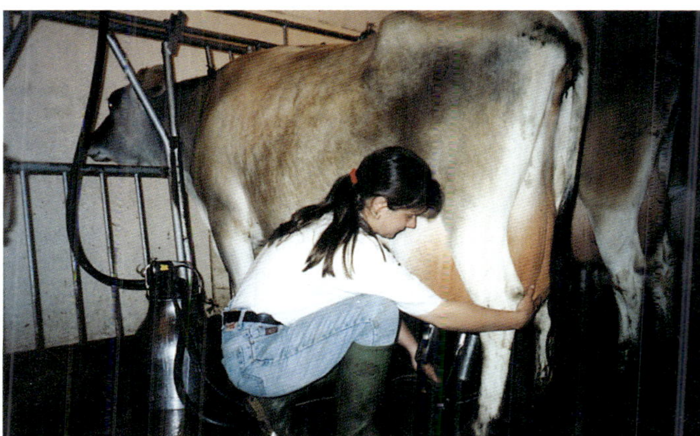

Oben: *Das Melken einer Kuh auf dem Hof in Bonchester Bridge*

Oben: *Zerteilung des Bruchs mit einer sogenannten Käseharfe*

Käse zurückzuführen. Heute wird Käse weltweit überwiegend aus Kuhmilch herstellt, da sie im Prinzip ganzjährig zur Verfügung steht. Zudem gibt es viele Käsesorten aus Schaf- und Ziegenmilch. Auch Wasserbüffel, Yaks und Kamele werden gemolken, heutzutage jedoch nur noch in sehr entlegenen Gebieten.

Milch ist Milch, mögen viele denken, dabei kann dieser Rohstoff stark variieren. Verschiedene Rinderrassen liefern geschmacklich sehr unterschiedliche Milch. Das Futter, der Boden des Weidelands und selbst die Witterung am Tag des Melkens sind Faktoren, die die Milchqualität erheblich beeinflussen. Milch, die zum Ende der Laktationszeit ermolken wird, ist fettreicher als zu Beginn der Milchproduktion, und es treten sogar tageszeitliche Schwankungen auf. Angeblich ergibt auch Sommermilch besseren Käse als Wintermilch. All diese Faktoren werden bei der bäuerlichen Käseproduktion berücksichtigt.

Schafe und Ziegen können auch dort gehalten werden, wo die Bedingungen für Kühe ungeeignet sind. Ziegenmilch ist im großen und ganzen frei von gesundheitsschädlichen Mikroorganismen und wird demzufolge selten pasteurisiert. Früher stand Ziegenmilch und entsprechend der Ziegenkäse nur in der ersten Jahreshälfte zur Verfügung. Gereifte Ziegenkäse waren etwas länger erhältlich. Einige Käsehersteller arbeiten inzwischen mit gefrorener Ziegenmilch oder mit gefrorenem Käsebruch, um ihre Käseproduktion zeitlich weiter auszudehnen. Besitzern von großen Ziegenherden ist es mittlerweile auch gelungen, die Zeitspanne der Jungtieraufzucht auszudehnen.

Der erste Schritt bei der Käseherstellung besteht darin, die Milch in einem oder mehreren großen Behältern zu sammeln. In diesem Stadium wird die Milch entweder mit Rahm angereichert (»aufgefettet«), teilentrahmt oder für fettarmen Käse fast vollständig entrahmt.

Soll eine Wärmebehandlung erfolgen, wird die Rohmilch für etwa 15 Sekunden bis auf 71 °C erhitzt. Das Pasteurisieren hat Auswirkungen auf den Geschmack der Milch, und der daraus hergestellte Käse schmeckt leicht »gegart«. Um dies zu verhindern, führen manche Käsereien eine schonendere Wärmebehandlung durch, indem sie die Milch über einen Zeitraum von 30 Minuten auf 46 °C erhitzen.

Manche Käsesorten werden mit pflanzlichen Färbemitteln wie Annatto (orange) eingefärbt. Andere enthalten Kräuter oder Gewürze. Je nach Käse-Erzeugerland schwanken die Gesetze und Verordnungen über die erlaubten Zusätze.

Das Dicklegen der Milch

Läßt man unbehandelte Rohmilch einige Zeit stehen, wird sie von selbst sauer, doch läßt sich diese Säuerung nur schlecht steuern. Pasteurisierte Milch säuert nicht von selbst. Deshalb werden der Milch generell Starter- oder Säuerungskulturen zugesetzt, die den Milchzucker (Laktose) in Milchsäure umwandeln. Durch diese Milchsäurebakterien läßt das Milcheiweiß (Casein) die Milch gerinnen, sobald ein Koagulans, meist Lab, zum Einsatz kommt.

Nach dem Zusatz der Starterkulturen kontrolliert der Käser regelmäßig den Säuregehalt der Milch, um zu wissen, wann er das Lab zugeben muß. Nach der Labzugabe beginnt das Dicklegen der Milch. Wenn man die Milch während des Dicklegens nicht bewegt, bildet sich eine glatte, gallertartige Masse, die als Gallerte oder Dickete bezeichnet wird. Dieser Vorgang dauert 30 Minuten bis zwei Stunden.

Der Temperaturbereich beim Dicklegen liegt je nach Käsetyp zwischen 21 und 35 °C. Niedrige Temperaturen ergeben einen weichen Bruch, wie er für Weichkäse erforderlich ist, hohe Temperaturen resultieren in einem festen, elastischen Bruch zur Herstellung von Schnittkäse/Halbhartkäse. Bei der Herstellung von Frischkäse wie Quark oder Fromage frais kommt kein Lab zum Einsatz, die Gerinnung erfolgt ausschließlich durch Milchsäurebakterien.

LAB

Tierisches Lab ist ein Ferment aus dem Magen junger Wiederkäuer. Früher wurde auch pflanzliches Lab verwendet, z. B. vom Labkraut oder der Distel. Für die großen Milchmengen, wie sie bei der industriellen Käseproduktion anfallen, werden aber hochkonzentrierte Labaustauschstoffe pflanzlicher Herkunft zum Dicklegen der Milch eingesetzt.

Die Bruchbereitung

Der nächste Arbeitsschritt ist das Abtrennen der Molkenflüssigkeit von dem geronnenen Milcheiweiß, um den Bruch zu bereiten. Je nach Käsetyp gibt es hierfür verschiedene Methoden.

Zuerst wird die Gallerte zerschnitten, damit sich die Molke löst. Für einen weicheren Käse wird die Gallerte nur grob zerschnitten und mit einer Kelle in perforierte Formen geschöpft, so daß die Molke von selbst abfließen kann. Für Hartkäse, dessen Feuchtigkeitsgehalt viel niedriger ist, wird die Gallerte dagegen mit einer sogenannten Käseharfe kreuz und quer zerschnitten, bis winzige Körner übrigbleiben. Durch das systematische Zerteilen wird weiter Molke abgeschieden, und das Ergebnis ist ein festerer und trockenerer Käse. Sobald sich die körnchengroße Bruchmasse am Wannenboden abgesetzt hat, wächst sie wieder zusammen und kann erneut zerteilt werden. Daraus resultiert ein krümeliger Teig.

Unten links: *Das Ausschöpfen der Gallerte von der Wanne auf das Tablett*

Unten rechts: *Cheddaring – eine besondere Form der Bruchbehandlung*

Cheddaring, auch Chestern genannt, bezeichnet eine Form der Bruchbehandlung, mit der eine geschmeidig-glatte Cheddar-ähnliche Konsistenz erzielt wird. Der Bruch wird in große Blöcke geschnitten; diese werden übereinandergelegt und umgeschichtet, so daß jeweils das untere Stück gepreßt wird. So gibt der Bruch noch weiter Molke ab.

Oben: *Der Käsebruch wird mit dem Tuch herausgehoben.*

Die Beschaffenheit des Bruchs kann auch durch Erwärmen (»brennen«) des Bruch-Molke-Gemischs beeinflußt werden. Eine Temperaturanhebung läßt den Bruch deutlich schrumpfen, so daß er kompakter wird. Das wiederum ergibt einen festeren Käse, der zudem länger gelagert werden kann. Die Temperaturen beim Brennen reichen von 41 °C für Käsesorten wie Fontina bis 49 °C oder noch mehr für Emmentaler. Bei der Herstellung von Mozzarella wird der Bruchkuchen kleingeschnitten und mit heißem Wasser überbrüht, bis eine elastische Masse entsteht, die dann gepreßt und zu Strängen gezogen wird. Diese Knetkäse werden als »Filata-Käse« bezeichnet.

Auch die Molke läßt sich zu Käse verarbeiten, sobald sie abgeflossen ist. Ein Beispiel dafür ist der skandinavische Mesost (aus eingedampfter Molke) und der italienische Ricotta.

Sobald der Bruch bereitet ist, gibt man ihn zur weiteren Molkeabgabe und zur Reifung in perforierte Formen. Als Materialien kommen Holz, Edelstahl, Körbe oder Tuch zum Einsatz. Die in die Käseformen eingebrachte Bruchmasse wächst nun zusammen. Diese Verfestigung erfolgt von ganz allein oder wird durch Pressen beschleunigt.

Mit Ausnahme von hochfettem und körnigem Frischkäse wird jeder Käse gesalzen. Das Salz verändert den Säuregehalt und verlangsamt die Aktivität der Starterkulturen. Auf diese Weise kann die Reifungszeit des Käses besser kontrolliert werden. Außerdem hat das Salzen eine konservierende Wirkung, da es Fäulnisbakterien an ihrem Wachstum hindert. Entweder wird bereits im zerkleinerten Bruch gesalzen, wie beim Cheddar, oder die geformten Käse werden

Links: *Mit ihren Temperatur- und Feuchtigkeitsbedingungen sind Höhlen ideal für die Reifung von Käse.*

mit Kochsalz eingerieben, etwa bei Parmesan oder Roquefort. Es werden auch ganze Käselaibe nach dem Formen in eine Salzlösung eingelegt. Diese Art des Salzens ist beispielsweise für Emmentaler üblich. Manche Käse, wie der Taleggio, werden mit einer schwachen Salzlösung abgerieben (»geschmiert«), damit sich die typische Flora bildet. Bei den in Lake eingelegten Käse, beispielsweise beim Feta, ist die Salzkonzentration so hoch, daß das Wachstum von Bakterien auf der Oberfläche komplett gestoppt wird und keine weitere Reifung mehr stattfindet.

Die Reifung von Käse

Die Reifung ist ein sehr komplizierter Vorgang, bei dem die Mikroben und Enzyme im Käse ihre chemische Zusammensetzung allmählich verändern: Die komplexen organischen Moleküle werden in einfachere umgewandelt, so daß der Käse seinen typischen Charakter entwickelt. Dieser Reifeprozeß findet in Höhlen statt oder in Reifekellern, wo Raumtemperatur und relative Luftfeuchtigkeit dem natürlichen Höhlenklima nachempfunden sind. Die Temperatur wird niedrig gehalten, damit die in der Starterkultur enthaltenen erwünschten Bakterien langsam und stetig wachsen. Ein zu rasches Wachstum läßt den Käse ungleichmäßig reifen und begünstigt die Bildung unerwünschter chemischer Stoffe. Die Luftfeuchtigkeit im Reifekeller ist dagegen sehr hoch, damit der Käse nicht an der Oberfläche austrocknet; sie beträgt rund 80 Prozent für Hartkäse bzw. 95 Prozent für Weichkäse.

Bei Weichkäse wie Camembert, Coulommiers und Brie verläuft die Reifung relativ schnell, deshalb werden diese Sorten niedrigeren Temperaturen ausgesetzt als Hartkäse. Bei manchen Käsesorten wird bereits der Starterkultur eine Schimmelkultur (meist *Penicillium*) beigegeben, andere werden dagegen mit den Schimmelpilzen besprüht. In beiden Fällen bildet sich auf dem Käse ein weißer Schimmelrasen, und mit zunehmender Reife wird auch der Teig vom Rand zur Mitte hin weich. Die Franzosen bezeichnen diesen hellen Kern in der Mitte als *l'âme* (»die Seele«).

Bei anderen Weichkäsen und einigen Schnittkäsen besteht die Oberflächenbehandlung im Waschen oder »Schmieren« mit Salzlake, Wein, Bier oder Alkoholika, wobei die verwendete Flüssigkeit der Oberflächenflora als »Nahrung« dient. Diese Käsesorten zeichnen sich in der Regel durch eine typische Rotfärbung der Rinde und ein äußerst kräftiges Aroma aus.

Blauschimmelkäse wie Stilton und Roquefort reifen von innen nach außen. Die speziellen Schimmelpilze werden entweder mit den Starterkulturen zugegeben oder dem Bruch beigemischt. Die jungen Käselaibe werden dann mit Nadeln durchstochen, damit Sauerstoff ins Innere der Käse eindringen kann, den die Schimmelpilze für ein gleichmäßiges Wachstum und für die Bildung der blaugrünen Adern im Teig benötigen.

Die ersten Blauschimmelkäse waren wahrscheinlich ein Zufallsprodukt, »infiziert« durch natürlich vorkommende Mikroorganismen.

Oben: *Während der Reifung bilden Weichkäse wie Brie eine weiche weiße Rinde.*

Einen ganz speziellen Schimmelpilz findet man beispielsweise in den Kalksteinhöhlen in der Gegend von Roquefort. Ehemals konnte Blauschimmelkäse nur dort hergestellt werden, wo auch die entsprechenden Schimmelkulturen anzutreffen waren. Heute werden die Schimmelpilze gezüchtet und weltweit versendet.

Trotz moderner Techniken ist die Herstellung von Blauschimmelkäse schwieriger als die von anderen Käsetypen, denn das Schimmelwachstum im Innern der Käse ist manchmal unberechenbar. Der Käser kann die Schimmelentwicklung jedoch verzögern, indem er die Käselaibe luftdicht verpackt. Erst wenn er den Zeitpunkt für die beginnende Reife für gekommen hält, werden die Laibe pikiert, damit Kellerluft eindringen kann und die Blauäderung im Teig entsteht.

Hartkäse reifen ebenfalls von innen nach außen. Sie benötigen eine wesentlich längere Reifungszeit als Weichkäse und werden meist bei etwas höheren Temperaturen im Reifekeller gelagert. Bei manchen Hartkäsen besteht die Oberflächenbehandlung in regelmäßigem Bürsten, Abreiben oder Einfetten mit Öl. Andere Käselaibe werden bandagiert, um die Schimmelbildung zu fördern.

Die Reifungszeit ist eminent wichtig für Konsistenz und Geschmack eines Käsetyps. Cheddar-Käse, die fünf bis acht Monate gereift sind, schmecken natürlich anders als solche, die eine 12- bis 18monatige Reifung durchgemacht haben. Während des Reifungsprozesses kann sich auch die Teigbeschaffenheit stark verändern. Wenn die Starterkulturen z. B. Propionsäurebakterien enthalten, wie es beim Emmentaler der Fall ist, entwickeln sich die berühmten großen Löcher im Käse. Der Grund für diese Lochbildung ist schnell erklärt: Die Propionsäurebakterien leben von Milchsäure und geben beim Verzehr derselben Kohlendioxid ab. Da dieses

Links: *Durch das regelmäßige Abreiben des Käselaibs wird verhindert, daß Sauerstoff eindringt und eine vorzeitige Schimmelbildung einsetzt.*

Oben: *Traditionelle Blauschimmelkäse zeichnen sich durch eine feste Konsistenz und einen kräftigen Geschmack aus.*

Gas nicht entweichen kann, treibt es Löcher in den noch weichen Käseteig.

Hartkäse werden während der Reifung regelmäßig gewendet um eine gleichmäßige Entwicklung der Oberflächenflora zu gewährleisten. Außerdem kontrolliert der Käser von Zeit zu Zeit die reifenden Käselaibe auf Farbe, Geruch, Form, Konsistenz, ja sogar auf Klang. Mit einem Käsebohrer in Form eines längs halbierten Rohres mit scharfen Kanten kann er zudem Proben aus dem Inneren des Käselaibes ziehen und prüfen, ob der Käse richtig reift.

Die meisten Käse reifen auch dort, wo sie hergestellt werden; ein Teil wird aber direkt nach der Produktion von Käsespezialisten aufgekauft und unter optimalen Bedingungen gereift, bis die Käse verkaufsfertig sind.

Sobald ein Käse reif für den Verzehr ist, wird er entweder sogleich verkauft oder zum Schutz gegen Austrocknen, Schmutz und Verderb verpackt. Hierzu werden mehr oder minder erfolgreich Tuch, Wachs, Folie, Papier und Plastik eingesetzt. Papier reicht in der Regel aber nicht aus, um den Käse vor dem Austrocknen zu schützen. In Plastik eingeschweißter Käse dagegen fängt schnell an zu schwitzen.

Die Einteilung der Käse

Es sind inzwischen viele Versuche unternommen worden, Käse in bestimmte Gruppen einzuteilen. Einige dieser Einstufungssysteme orientieren sich am Herstellungsverfahren, andere an der Teigkonsistenz oder an der Beschaffenheit der Rinde. Wieder andere gruppieren die Käse nach ihrem Geruch. Da es außerdem viele verschiedene Rezepte gibt, ist es durchaus möglich, daß ein bestimmter Käse sowohl in die eine als auch in die andere Gruppe gehört.

Nachfolgend werden drei Kriterien zur Einteilung der Käse vorgestellt. Sie sollen Ihnen helfen, Etiketten und Produktbescheibungen richtig zu lesen und die Käse danach besser auszuwählen.

Die Einteilung der Käse nach ihrer Konsistenz

Die Teigbeschaffenheit läßt im allgemeinen auf den Käsetyp schließen, denn sie steht in direktem Zusammenhang mit dem Wassergehalt des Käses. Je weicher ein Käse ist, desto mehr Wasser enthält er. Die Übergänge zwischen den Gruppen sind aber fließend. Zudem verliert Käse während der Reife Wasser und wird mit der Zeit härter. Ein gutes Beispiel dafür sind die kleinen Ziegenkäse.

FRISCHKÄSE *(Wassergehalt 80 Prozent)* Darunter fallen alle ungereiften Käse – mit Ausnahme von Feta –, die so weich sind, daß sie gelöffelt werden können, z. B. Quark und Schichtkäse.

WEICHKÄSE *(Wassergehalt 50 bis 70 Prozent)* Streichfähige Käse wie Brie, Camembert, Pont l'Évêque, Reblochon und Taleggio.

SCHNITTKÄSE UND HALBFESTE SCHNITTKÄSE *(Wassergehalt 40 bis 50 Prozent)* Weichschnittige Käse mit geschmeidigem, leicht gummiartigem Teig, unter anderem Tilsiter, Gouda und Port Salut.

Links: *Hartkäse entstehen durch die Wasserverdunstung während der Reifung.*

Oben: *Verschiedene Käse mit gewaschener Rinde*

HALBFESTE BLAUSCHIMMELKÄSE *(Wassergehalt 40 bis 50 Prozent)* Käsesorten mit krümeligem oder geschmeidigem Teig, wobei sich erstere, wie Roquefort, schlecht schneiden lassen.

HARTKÄSE *(Wassergehalt 30 bis 50 Prozent)* Darunter fallen Käse mit festem und leicht krümeligem Teig (Cheddar), Käse mit festem und geschmeidig-schneidbarem Teig (Greyerzer) oder Käse mit sehr festem Teig (Parmesan und alter Pecorino)

Die Einteilung der Käse nach ihrer Rinde

Die Käserinde beeinflußt den Verdunstungsgrad des Wassers und das Eindringen von Luftsauerstoff. Außerdem reguliert die Rinde den Gasaustausch.

WEISSSCHIMMELRINDEN Bei schnell reifenden Käsesorten läßt man den weißen Schimmel ungehindert wachsen, oder man bürstet die Schimmelflora von Zeit zu Zeit ab. Der Schimmelbelag ist anfangs noch weiß, nimmt aber mit zunehmender Reife eine bräunliche Färbung an. Beispiele für Weißschimmelkäse sind Brie, Camembert und Coulommiers.

GEWASCHENE RINDEN Die Rotschmierekäse genannten Käse mit gewaschener Rinde weisen die typisch orangerote Färbung an der Oberfläche auf. Die Haut fühlt sich weich und feucht an. Sie wird, außer bei weichen, nicht voll ausgereiften Sorten, nicht mitverzehrt. Zur Gruppe der Käse mit gewaschener Rinde zählen Limburger, Pont l'Évêque und Taleggio.

NATÜRLICH GEREIFTE RINDEN Um sie zu erhalten, werden die Käse entweder gebürstet oder gewaschen, teilweise auch bandagiert, damit eine harte und körnige Oberfläche entsteht, oder aber eingeölt, damit die Rinde glatt und glänzend wird. In der Regel sind natürlich gereifte Rinden zäh, hart und dick; auf den rauheren Rinden kann sich auch Schimmel bilden. Naturrinden werden meist nicht mitgegessen; ausgenommen davon sind »gewaschener« Stilton und »bandagierter« Cheddar.

ORGANISCHE UMHÜLLUNGEN Hierzu zählen Kräuter oder Blätter. Häufig werden die bereits gereiften Käse damit umhüllt, z. B. Ziegenkäse und der Banon, der eine Hülle aus Kastanienblättern hat.

KUNSTRINDEN Für Hüllen aus Asche, Wachs und Plastik ist ebenfalls der Käser zuständig, der die Käse mit diesen Materialien überzieht.

Die Einteilung der Käse nach ihrer Herstellung

FRISCHKÄSE Darunter fallen alle ungereiften Käse oder solche, die nur einige Tage gereift sind. Einige werden leicht gepreßt oder geformt, andere werden einfach in Schalen oder Becher abgefüllt. Zu dieser Gruppe zählen Quark, Mascarpone, Feta und Rahmfrischkäse.

UNGEPRESST REIFENDE KÄSE Für diese Käsegruppe wird der Bruch fein zerteilt. Nach dem Einfüllen in perforierte Formen kann die Molke von selbst abtropfen. Mit Oberflächenschimmel geht die Reifung schnell vonstatten, unter Einsatz von Starterkulturen dauert dieser Prozeß einen bis drei Monate. Zu dieser Gruppe zählen Brie und Camembert (Käse mit Oberflächenflora) sowie der Esrom (mit Starterkulturen).

GEPRESST REIFENDE KÄSE Die unter diese Gruppe fallenden Käse werden erst gepreßt, bevor sie zwei bis 18 Monate reifen. Beispiele sind Cheddar, Manchego und Montasio.

Oben: *Emmentaler, ein »gebrannter« bzw. »gekochter« Käse*

NACHGEWÄRMTE, GEPRESST REIFENDE KÄSE Der Käsebruch wird vor dem Zerkleinern, Formen und Pressen in der Molke nachgewärmt oder »gebrannt«. Zu dieser Gruppe zählen Gouda, Parmesan und Greyerzer, die manchmal bis zu vier Jahren reifen.

BRÜH- UND KNETKÄSE/FILATA-KÄSE Der mit heißem Wasser »gebrühte« Käsebruch wird geknetet und zu Strängen gezogen. Diese Käse können frisch (Mozzarella) oder gereift (Provolone) verzehrt werden.

Käsegenuß

Im Idealfall sollte man den gekauften Käse am selben Tag verzehren. Nun sind aber die wenigsten Menschen in der Lage, täglich einzukaufen. Die meisten müssen ihre Lebensmitteleinkäufe einmal in der Woche erledigen. Wer allerdings wirklich guten Käse wünscht, etwa zur Bewirtung seiner Gäste, der sollte ihn möglichst am Tag des beabsichtigten Verzehrs kaufen, und zwar in einem Fachgeschäft.

Viele der weltberühmten Käsesorten, die traditionell aus bäuerlicher Produktion stammen, werden heute auch industriell hergestellt. Diese Fabrikkäse schmecken in der Regel aber anders als die Bauernkäse. Deshalb ist es für den Konsumenten wichtig zu wissen, woher der gekaufte Käse kommt. Aber es gibt auch Ausnahmen, und so bietet manch ein Fabrikkäse noch angenehme geschmackliche Überraschungen. Als Beispiel seien hier nur einige neuseeländische Cheddar- oder amerikanische Provolonesorten genannt.

Über die Jahre haben diverse Erzeugerländer kontrollierte Herkunftsbezeichnungen für ihre besten Käse eingeführt. In Frankreich beispielsweise tragen diese Käse das Prädikat Appellation d'Origine Contrôlée, kurz AOC. Ursprungsgeschützte Käse müssen aus einem geographisch genau festgelegten Gebiet stammen und nach überlieferten Rezepten hergestellt werden. Inzwischen hat die EU eine Verordnung zum Schutz von geographischen Angaben und Ursprungsbezeichnungen für Agrarerzeugnisse und Lebensmittel erlassen. Diese geschützten Produkte tragen den Schriftzug »geschützte Ursprungsbezeichnung« (g. U.), wobei der geographische Bezug in zumindest einem Produktionsstadium gegeben sein muß.

Allerdings gilt es zu bedenken, daß die geschützte Ursprungsbezeichnung keine Garantie für die Qualität einer bestimmten Käsesorte ist. Daher sollte man sich bei seinem Käsehändler unbedingt nach der Herkunft der gewünschten Käsesorte erkundigen. Auch wenn der Käse nur zum Kochen bestimmt ist, sollte man auf gute Qualität achten, schließlich wirkt sich diese geschmacklich auf das fertige Gericht aus.

Augen und Nase sind wesentlich für die Beurteilung der Käsequalität. Käse sollte gut riechen. Käse, der durchdringend nach Ammoniak riecht, ist eindeutig überreif. Es gibt allerdings Leute, die einen »stinkenden« Camembert selbst überreif noch mögen. Käse mit

Käse mit geschützter Ursprungsbezeichnung

Nachfolgend finden Sie eine Liste der im Verzeichnis aufgeführten und anderer Käse mit g. U.-Status.

G.U.-KÄSE AUS BELGIEN

Fromage d'Herve (auch Herve Kaas)

DOP- ODER AOP- (FRÜHER AOC-) KÄSE AUS FRANKREICH

Beaufort, Bleu d'Auvergne, Bleu de Gex, Bleu de Causses, Brie de Meaux, Brie de Melun, Camembert de Normandie, Cantal, Chabichou du Poitou, Chaource, Comté, Crottin de Chavignol, Epoisses, Fourme d'Ambert, Fourme de Cantal, Langres, Livarot, Maroilles, Munster, Ossau-Iraty-Brebis-Pyrénées, Picodon de l'Ardèche, Pont l'Évêque, Pouligny-Saint-Pierre, Reblochon, Roquefort, Saint-Nectaire, Sainte-Maure de Tourraine, Selles-sur-Cher, Vacherin Mont d'Or

G.U.-KÄSE AUS GRIECHENLAND

Feta, Kefalograviera

G.U.- ODER DOP- (FRÜHER DOC-) KÄSE AUS ITALIEN

Asiago, Caciocavallo, Fontina, Gorgonzola, Grana padano, Mozzarella di bufala, Parmigiano-Reggiano, Pecorino romano, Pecorino sardo, Pecorino siciliano, Pecorino toscano, Provolone, Robiola di Roccaverano, Taleggio

U.G.- ODER AOP-KÄSE AUS DEN NIEDERLANDEN

Edamer, Gouda

U.G.- ODER AOP- (FRÜHER DO-) KÄSE AUS SPANIEN

Cabrales, Idiazabal, Mahón, Manchego, Picon

NAMENSGESCHÜTZTE KÄSE AUS DER SCHWEIZ

Appenzeller, Emmentaler, Greyerzer, Sbrinz, Raclette, Schabziger, Tilsiter Switzerland, Tête de Moine, Freiburger Vacherin (Vacherin fribourgois)

PDO-KÄSE AUS GROSSBRITANNIEN

Bonchester, Single Gloucester, Swaledale, Blue Stilton, West Country Farmhouse Cheddar, White Stilton

gewaschener Rinde riechen meist recht streng »nach Bauernhof«, doch das ist völlig normal. Wenn die Rinde entfernt worden ist, schmecken sie selten zu kräftig oder gar scharf.

Wer Käse mit ausgeprägt kräftigem Aroma bevorzugt, sollte nach folgenden französischen Spezialitäten Ausschau halten: Epoisses, Maroilles, Munster, Langres, Livarot, Camembert und Chaumes.

Das Aussehen eines Käses ist ebenfalls von Bedeutung. Weder sollte er »schwitzen« noch Fettflecken aufweisen, auch nicht zu dicht und fest sollte er wirken, Eigenschaften, die auf unsachgemäße Behandlung und Überhitzung oder Unterkühlung zurückzuführen sind. Schnittflächen sollten frisch aussehen. Harte, rissige Oberflächen oder sortenuntypischer Oberflächenschimmel deuten darauf hin, daß der Käse zu lange offen liegengelassen wurde.

Oben: *Camembert*

Vollreifer Käse wird mit der Zeit runzlig und schrumpelig. Auf Käse in diesem Reifestadium sollte man nach Möglichkeit verzichten. Es ist ein Irrtum zu glauben, daß die ältesten Käse am besten schmecken. Wie Wein hat jeder Käse sein ideales Alter. Er ist dann »auf den Punkt« gereift und vorzüglich im Geschmack. Sobald der Käse den idealen Reifegrad überschritten hat, beginnt der Verderb.

Wer Gelegenheit hat, den Käse vorher zu probieren, sollte zunächst versuchen, ob er frisch und mild ist oder bereits gereift und würzig. Ist es ein gehaltvoller, sahniger Käse, ist er fest und elastisch, und wie steht es mit dem Salzgehalt? Zu berücksichtigen sind auch die sortentypischen Merkmale. Ein sehr fester oder geschmeidig-elastischer Käse muß z. B. länger gekaut werden, damit sein typisches Aroma voll zur Geltung kommt.

Geschmacklich bietet Käse eine breite Palette; alle Richtungen sind vertreten. Gängige Beschreibungen für den Geschmack von Käse sind buttrig, milch-säuerlich, sahnig, nussig, fruchtig, pilzartig oder gar zitronig. Andere Käse erinnern geschmacklich an Dosenmilch, Karamel, frische Mandeln, feuchtes Gras und vieles andere mehr. Das wichtigste Kriterium sollten die persönlichen Vorlieben sein. Mag ich den Käse oder mag ich ihn nicht?

Qualitativ gute Käse sind zu einer bestimmten Zeit des Jahres ein besonderer Hochgenuß. Das liegt an der Verfügbarkeit der Milch, am üppigen Weideland und an der optimalen Reifung des Käses. Die beste Milch liefern im allgemeinen die Kühe, die im Sommer und im Frühherbst weiden und von der üppigen Vegetation mit Gräsern, Blumen und Klee profitieren. Die Reifezeit eines Käses ist entscheidend für den optimalen Kaufzeitpunkt. So braucht z. B. ein Brie de Meaux aus Rohmilch nur einen bis zwei Monate bis zur Vollreife und erreicht somit seinen geschmacklichen Höhepunkt im September, Oktober und Anfang November. Bergkäse wie Greyerzer und Comté reifen dagegen vier oder fünf Monate; deshalb kauft man sie am besten im Januar oder Februar.

Käse servieren

Käse paßt im Prinzip zu jeder Mahlzeit. In einigen europäischen Ländern ist es üblich, Käse als separaten Gang zum Ende eines Menüs zu servieren. Käse kann aber auch die eigentliche Mahlzeit ausmachen. In der Schweiz und in den Niederlanden ißt man Käse zum Frühstück, in Spanien und Griechenland ist Käse häufig Bestandteil der Tapas bzw. Mezédes, die vor dem Essen gereicht werden. Und eine Scheibe Käse und ein Apfel schmecken zu jeder Tageszeit.

Oben: *Die Käseplatte zum Mittag- oder festlichen Abendessen bietet für jeden Geschmack etwas.*

Die Käseplatte ist oft Bestandteil eines festlichen Essens, und immer wieder erhebt sich die Frage, ob der Käse vor oder nach dem Dessert serviert werden soll. In Großbritannien wurde Käse traditionell als Abschluß des Menüs gereicht, teils weil süßer Portwein als »Begleiter« fungierte, teils weil die Ärzte damals der Meinung waren, daß Käse »den Magen schließt«. In Mitteleuropa wird Käse gewöhnlich zwischen Hauptgang und Dessert serviert. Bei dieser Reihenfolge kann man getrost Rotwein zum Käse reichen, weil der Gaumen noch nicht durch die süße Nachspeise beeinträchtigt ist.

Oben: *Käsehobel (oben) und Käsemesser (unten)*

Käse wird stets bei Raumtemperatur serviert, also nie direkt aus dem Kühlschrank. Manche behaupten auch, daß Käse überhaupt nichts im Kühlschrank zu suchen hat, doch ohne kühlen Keller oder eine entsprechende Speisekammer läßt sich dies kaum vermeiden. Nach der Entnahme aus dem Kühlschrank benötigt der Käse genügend Zeit, damit er sein Aroma voll entwickeln kann. Das kann bei einem großen Stück Hartkäse eine Stunde oder mehr dauern.

Das Schneiden von Käse ist eine Kunst für sich, und dafür sind richtige Schneidewerkzeuge hilfreich. Da ist z. B. der Draht, der eine saubere Schnittfläche ergibt und häufig in Käsefachgeschäften zum Schneiden verwendet wird.

Spezielle Käsemesser werden in allen Formen und Größen angeboten, meist mit gezackter Klinge und einer gebogenen und gegabelten Spitze, um die geschnittenen Käsestücke damit aufzuspießen. Das beste Käsemesser ist relativ groß und perforiert. So kann das Messer auch große Weichkäse problemlos zerteilen, ohne den Käseteig zu quetschen. Mit einem Käsehobel lassen sich gleichmäßig dünne Scheiben von Schnittkäse abziehen.

In der Regel bestimmt die Form eines Käses, wie er zerteilt wird. Kleine runde Käse wie der Banon werden gewöhnlich halbiert. Dagegen sollten runde oder quadratische Weichkäse nicht quer durchgeschnitten, sondern wie eine Torte keilförmig zerteilt werden. Pyramidenförmige oder Rollenkäse werden am besten in Scheiben geschnitten. Kleine und große Käse in zylindrischer Form werden erst längs in Scheiben und dann in Keilstücke geschnitten. Bei Stilton beliebt ist die traditionelle Zerteilung, bei der man den Deckel abschneidet und den Käse dann auslöffelt.

Oben: *Ein kleiner, runder Weichkäse, in keilförmige Stücke zerteilt*

Alle keilförmigen Käsestücke sollten – unabhängig davon, ob sie im Laden oder zu Hause aufgeschnitten wurden – so geteilt werden, daß man immer eine Scheibe mit Kern und Außenseite erhält.

Körnige Hartkäse wie Parmesan und Grana padano werden überhaupt nicht geschnitten, sondern mit spatenförmigen Spezialwerkzeugen eingeritzt und dann gebrochen.

Die Auswahl an Broten oder Kräckern, die zum Käse passen, richtet sich nach der jeweiligen Tageszeit. Da beim Käsegang der Käse im Vordergrund stehen sollte, sind einfache Kräcker die ideale Beigabe.

Ploughman's Lunches

Nachfolgend ein paar Anregungen für etwas ausgefallenere Varianten einer typisch britischen Käsemahlzeit, die man am besten mit reichlich Brot der jeweiligen Lieblingssorte reicht.

Englischer Cheddar mit körnigem Senf und frischen Bananen;
Schottischer Caboc mit Haferkeksen und Loganbeeren;
Neuseeländischer Cheddar mit Äpfeln und Preiselbeersauce;
Double Gloucester mit Oliven und Püree aus getrockneten Tomaten;
Danablu mit Trauben und frischen Walnüssen (s. Abb. S. 43 rechts);
Stilton mit Mango-Chutney, Staudensellerie und Brunnenkresse.

Brot ist der ideale Begleiter für einen solchen Käse-Imbiß oder eine Käseplatte. Entweder serviert man ein gutes Bauernbrot mit knuspriger Kruste oder bietet seinen Gästen eine Auswahl verschiedener Brotsorten. Wer es origineller mag, der reicht landestypische Brotsorten zum jeweiligen Käse, beispielsweise Ciabatta zu italienischen und Baguette zu französischen Käsespezialitäten.

Käse wird oft zusammen mit Staudensellerie, Weintrauben und Äpfeln serviert, wobei eigentlich jegliches Obst und Gemüse in roher Form mit Käse harmoniert. Bewährte Zusammenstellungen sind Birnen mit Gorgonzola, Walnüsse mit Roquefort, Kümmel mit Munster sowie Dicke Bohnen mit Pecorino, letztere eine toskanische Spezialität. In der englischen Grafschaft Yorkshire wird der Wensleydale oft mit Früchtekuchen oder Apple Pie gereicht oder im Teig verarbeitet.

Die Käseplatte

Es ist ja verlockend, einfach allerlei interessant aussehende Käse für eine festliche Käseplatte einzukaufen. Doch zu Hause stellt man dann fest, daß die gewählten Sorten doch nicht so gut harmonieren. Einige wenige, sorgfältig ausgesuchte Käse ergänzen einander weitaus besser als ein wahllos zusammengestelltes Sortiment. Oder man reicht zum Abschluß der Mahlzeit nur einen einzelnen Käse von höchster Qualität und auf den Punkt gereift.

Ob man nur verschiedene Käsesorten oder nur einen einzigen Käse anbieten möchte, es empfiehlt sich bei der Käsewahl, die vorangehenden Gänge zu berücksichtigen. Gehaltvolle, cremige Käse serviert man am besten nach einfachen Fleischgerichten, während Ziegenhartkäse besser zu einem opulenten Mahl paßt. Frische, ungereifte Käse schmecken dagegen gut nach würzig-pikanten Speisen.

Farbe, Konsistenz, Schärfe und Geschmack, all das spielt eine Rolle bei einer sorgfältig arrangierten Käseplatte. Verschiedene Käse von sehr ähnlicher Farbe und Teigbeschaffenheit sehen nicht so einladend aus wie eine kleine Auswahl, die durch Vielfalt besticht. Wählen Sie nicht nur die eigenen Lieblingssorten aus, denn nur milde Weichkäse oder pikante Käse sind nicht jedermanns Geschmack.

Die Käse-Auswahl sollte nach Möglichkeit nicht auf einer Platte angerichtet werden, die zum Herumreichen zu groß oder zu schwer ist. Auch sollte man gleich mehrere Käsemesser dazulegen, insbesondere für Weichkäse, die beim Zerteilen leicht an der Klinge kleben.

Eine andere Möglichkeit besteht darin, eine kleine Auswahl an Käsesorten mundgerecht aufzuschneiden und jedem Gast einen Teller damit anzurichten. Diese Art der Käsepräsentation findet man zunehmend in Restaurants, die nicht so gern ein volles Käsebrett oder einen Käsewagen herumgehen lassen. Der Nachteil daran ist, daß jeder Gast dasselbe bekommt, selbst wenn er lieber nur einen oder zwei seiner Lieblingskäse wählen würde.

Empfohlene Zusammenstellungen für Käseplatten

Es macht viel Spaß, in geselliger Runde Käsespezialitäten aus aller Welt zu probieren. Am besten beginnt man damit, die Käsesorten der jeweiligen Herstellerländer zu vergleichen, und geht dann später dazu über, die bevorzugten Sorten zusammenzustellen.

KLASSISCHE FRANZÖSISCHE KÄSEPLATTE

Comté, Brie de Meaux, Chèvre long (»Ziegenrolle«), Pont l'Évêque, Roquefort

HERZHAFTE FRANZÖSISCHE KÄSEPLATTE

Bleu d'Auvergne, Valençay, Explorateur, Epoisses, Tomme de Savoie, Banon

SCHWEIZER KÄSEPLATTE

Appenzeller, Emmentaler, Schabziger, Tête de Moine, Vacherin Mont d'Or

ITALIENISCHE KÄSEPLATTE

Fontina d'Aosta, Gorgonzola, Parmigiano-Reggiano, Robiola, Taleggio

KLASSISCHE ENGLISCHE KÄSEPLATTE

Duckett's Caerphilly, Farmhouse Lancashire, reifer Cheddar, Stilton, Wensleydale

KÄSEPLATTE MIT NEUEN BRITISCHEN SORTEN AUS BÄUERLICHER PRODUKTION

Cotherstone, Milleens, Ragstone, Sharpham, Ticklemore

Oben: *Herzhafte französische Käseplatte*

AMERIKANISCHE KÄSEPLATTE

Capriole Banon, Maytag, Shelburne Farm's Rohmilch-Cheddar, Vella's Bear Flag Dry Jack

Die Präsentation eines Käsebuffets erfordert etwas mehr Phantasie. Anstelle des traditionellen Bretts kann man zum Anrichten auch Marmorplatten, Keramikfliesen oder Flechtmatten verwenden. Als Dekoration empfehlen sich frische Kräuter, Wild- und Trockenblumen, Salatblätter, Sommerbeeren, Weinblätter oder Nüsse.

Bereits angerichteter Käse wird stets mit Frischhalte-, Alufolie oder einer Glasglocke abgedeckt. Auf diese Weise bleibt er ein bis zwei Stunden frisch. Soll er länger unter einer Glasglocke aufbewahrt werden, legt man ein Zuckerstückchen dazu, das die Feuchtigkeit aufnimmt. Käse, der langfristig gelagert werden soll, gehört in das wärmste Fach im Kühlschrank. Dazu zählen Türbereich und Gemüsefach. Für die meisten Käsesorten ist der Kühlschrank zu Hause als Aufbewahrungsort zu kalt. Ideal wären eine Speisekammer oder ein Keller mit ca. 10 °C.

Zur Lagerung wickelt man angeschnittenen Käse in perforierte Alufolie oder beschichtetes bzw. Pergamentpapier. Auch eine Plastikdose mit fest schließendem Deckel ist geeignet. So kann der Käse atmen und gegebenenfalls noch weiterreifen. Für kurzfristige Lagerung ist Frischhaltefolie am besten. Allerdings darf man den Käse nicht zu lange darin aufbewahren, sonst wird die Rinde schmierig. Bei Weichkäsen ist darauf zu achten, daß die Folie fest gegen die Schnittfläche gepreßt wird. Jeder Käse sollte seine eigene Verpackung bekommen, weil sonst einer vom anderen den Geschmack annimmt.

Oben: *Beschichtetes Papier schützt den Käse während der Lagerung.*

Wer eine richtig temperierte Lagerungsmöglichkeit für Käse besitzt, wickelt angeschnittenen Käse in beschichtetes oder Pergamentpapier ein, deckt die Stücke anschließend mit einem sauberen Geschirrtuch ab oder umwickelt sie nochmals mit Papier. Weichkäse lassen sich auch gut in ihrer Schachtel – aber in sauberes Papier gewickelt – aufbewahren.

Die Aufbewahrungszeit richtet sich nach der jeweiligen Käseart. Weichkäse halten sich nicht lange, Schnitt- und Hartkäse können dagegen eine ganze Weile gelagert werden. Es lohnt sich also, Emmentaler oder Parmesan gleich in großen Stücken zu kaufen. Diese werden vor der Lagerung in handliche Portionen zerteilt. Parmesan hält sich auf diese Weise wochenlang im Kühlschrank. Tiefgefrieren bekommt keinem Käse gut: Weichkäse verliert an Geschmack, und Hartkäse wird krümelig.

Zu lange oder unsachgemäß gelagerten Käse braucht man aber nicht gleich wegzuwerfen. Ausgeschwitzte Fetttröpfchen an der Oberfläche lassen sich abwischen, und angetrocknete Schnittflächen kann man abschneiden. Ein zu trockener Käse läßt sich immer noch reiben und zum Überbacken verwenden. Hartkäse zum Kochen wird weicher, wenn man ihn kurz in ein mit Wein getränktes Tuch wickelt.

Käse und Wein

Käse hat anscheinend eine besondere Affinität zu Wein – beide sind Naturprodukte, die sich geschmacklich vortrefflich ergänzen können. Es gibt dazu zwei Lehrmeinungen. Die eine besagt, daß man einfach seinen Lieblingswein zum Käse trinken sollte, nach der anderen harmonieren bestimmte Kombinationen von Wein und Käse nicht, weswegen man bei der Zusammenstellung sorgfältig vorgehen sollte. In der Praxis überwiegt wahrscheinlich die erste Meinung.

Früher galt Rotwein als idealer Partner von Käse, und in vielen Fällen trifft das auch zu. Allerdings sind Weißweine, und vor allem die süßen Vertreter, manchmal die bessere Wahl. Ein junger, frischer Beaujolais harmoniert gut mit einem frischen Käse wie Pecorino fresco oder einem jungen Banon. Ein alter Barolo wäre dagegen die bessere Wahl zu einem durchgereiften Provolone. Und ein körperreicher, aromatischer Wein wie Rioja oder ein australischer Shiraz braucht einen kräftigen Käse wie Maroilles, Gaperon und Cabrales als Partner. Sowohl die Säure als auch der Tanningehalt eines Weins sind für die

Oben: *Cabrales mit Rotwein*

Verbindung von Käse und Wein entscheidend. Weine mit viel Säure harmonieren gut mit sahnigen Weichkäsen, während dieselben Käsesorten tanninreiche Weine sehr trocken erscheinen lassen. Cheddar hingegen ist gegenüber Gerbstoff im Wein sehr tolerant. Allerdings gilt es zu bedenken, daß Wein und Käse Naturprodukte sind, die sich verändern. Deshalb ist ein Wein, der die ideale geschmackliche Verbindung mit einem jungen Cheddar eingeht, nicht unbedingt die beste Wahl für einen Käse mit 18monatiger Reifung.

Sehr oft ist es die Herkunftsregion eines Käses, die eine kulinarische Partnerschaft vorgibt. Weine, die aus derselben Region wie der Käse stammen, weisen eine natürliche Wesensverwandtschaft mit diesem auf. Beispiele sind der Sancerre in Kombination mit dem kleinen runden Ziegenkäse von der oberen Loire sowie der Gewürztraminer mit dem Munster, beides Produkte aus dem Elsaß.

Weiße Dessertweine harmonieren im allgemeinen gut mit Blauschimmelkäse. In Frankreich wird bevorzugt ein Sauternes zum salzig-pikanten Roquefort gereicht, während Portwein der traditionelle Begleiter zum englischen Stilton ist.

Oben: *Schneller Bohnentopf mit Cheddar-Kruste*

Kochen mit Käse

Käse wie Greyerzer, Parmesan und Mozzarella sind ein wichtiger Bestandteil der warmen Küche. Das liegt zum einen an ihrem vorzüglichen Geschmack und zum anderen an ihrem guten Schmelzverhalten. Aber auch Sorten, die nicht traditionell mit Kochen in Verbindung gebracht werden, z. B. Blauschimmelkäse und Ziegenkäse, ergeben wohlschmeckende Gerichte.

Das Geheimnis beim Kochen mit Käse besteht darin, den Käse nicht zu übergaren. Er sollte nach Möglichkeit langsam und behutsam erhitzt oder erst zum Ende der Garzeit hinzugefügt werden.

Oben: *Truthahnburger mit Edelpilzsauce*

Oberhalb einer bestimmten Temperatur gerinnt das Eiweiß (Casein) im Käse und zieht Fäden. Dies läßt sich weitgehend verhindern, indem man den Käse mit Mehl oder Brotkrumen mischt. Gut durchgereifter Hartkäse verträgt in der Regel höhere Temperaturen als Weichkäse. Das Käsefondue, das am Tisch leise vor sich hin köchelt, gelingt nur deshalb, weil der Alkohol, der zum Aromatisieren des Gerichts verwendet wird, den Käse nicht so heiß werden läßt, daß er gerinnt. Jeder Käse läßt sich besser verarbeiten, wenn er gerieben oder kleingeschnitten ist. Aber auch die Schärfe und der Geschmack eines Käses spielen bei der Zubereitung bestimmter Speisen eine wichtige Rolle. Bei der Verwendung von Blauschimmelkäse ist zu beachten, daß sich sein kräftiges Aroma durch Hitzeeinwirkung noch verstärkt. Mit Ziegenkäse verhält es sich eher umgekehrt: Sein charakteristischer, etwas strenger Geschmack wird durch Kochen abgemildert.

Käse und Ernährung

Käse ist ein hochwertiges Nahrungsmittel, das in den letzten Jahren häufig unter Beschuß geraten ist. Problematisch beim Käse ist der relativ hohe Gehalt an Fett. Hinzu kommt das Cholesterin, ein Begleitstoff von tierischem Fett. Allerdings ist der Fettgehalt von Käse nicht annähernd so hoch, wie viele glauben, und nichts spricht gegen maßvoll genossenen Käse als Bestandteil einer gesunden und ausgewogenen Ernährung. Ganz im Gegenteil, vieles spricht dafür.

Käse ist ein wichtiger Kalziumlieferant. So kann mit 100 g Hartkäse oder 50 g Quark der Tagesbedarf an Kalzium gedeckt werden. Außerdem enthält Käse beachtliche Mengen an fettlöslichen Vitaminen A, D und E sowie ausreichend Vitamine der B-Gruppe. Natrium und Phosphor sind ebenfalls in geringfügigen Mengen vorhanden. Phosphor ist in Verbindung mit Kalzium für den Aufbau von Knochen und Zähnen verantwortlich und ein wichtiger Energielieferant.

Käse besteht im wesentlichen aus Wasser, Fett und Eiweiß. Das Fett – einschließlich gesättigter (etwa 60 Prozent) und ungesättigter Fettsäuren – ist anteilsmäßig nicht am stärksten vertreten, sondern das Wasser. Der prozentuale Fettgehalt von Käse wird aber nach der trockenen (wasserlosen) Käsemasse berechnet. So bezieht sich beispielsweise die Angabe »45 %« im Infokasten von Camembert und Emmentaler auf den Fettgehalt in der Käsemasse nach Abzug des Wasseranteils. Das deutsche Kürzel dafür lautet Fett. i. Tr. (Fett in der Trockenmasse). Der tatsächliche (absolute) Fettgehalt eines Käses läßt sich ungefähr ermitteln, indem man den Fett. i. Tr.-Wert durch zwei dividiert. So hat Camembert mit 45 % Fett. i. Tr. einen Fettanteil von etwa 22,5 %.

Der absolute Fettgehalt von Emmentaler ist allerdings höher als der von Camembert, weil er insgesamt weniger Wasser enthält. Das heißt, daß beim Verzehr gleicher Käsemengen scheinbar »cremigere« Sorten wie Camembert tatsächlich kalorien- und fettärmer sind als Hartkäse wie Emmentaler.

Käse ist eine sehr interessante Alternative zu Fleisch und Geflügel. Zwar reicht sein tatsächlicher Eiweißgehalt nicht an den dieser Produkte heran, aber der Körper kann das vorhandene Eiweiß sofort verwerten – rund 70 Prozent im Vergleich zu 67 oder 68 Prozent bei Fleisch und Geflügel.

Einige Leute schränken ihren Käsekonsum bewußt ein, weil sie an einer Unverträglichkeit gegenüber Laktose leiden. Fakt jedoch ist, daß die in Milch enthaltene Laktose größtenteils schon während des Dicklegens zusammen mit der Molke entfernt wurde. So enthalten die meisten durchgereiften Käse 95 Prozent weniger Laktose als die Vollmilch, aus der sie hergestellt worden sind.

Oben: *Käse liefert hochwertiges Eiweiß und ergibt mit Früchten und Nüssen eine gesunde Zwischenmahlzeit.*

Zweiter Teil

Das Käse-Verzeichnis

Appenzeller
Asiago d'Allevo
Räucherkäse
Babybel
Banon
Bavariablu
Beaufort
Beenleigh Blue
Bel Paese
Bleu d'Auvergne
Bleu de Bresse
Bleu de Gex
Bonchester
Boursault
Boursin
Brie
Brillat-Savarin
Brin d'amour
Cabrales
Caerphilly
Camembert
Cantal
Cashel Irish Blue
Dänischer Höhlenkäse
Chabichou du Poitou
Chaource
Cheddar
Cheshire
Chèvre
Colby
Comté
Cornish Yarg
Coulommiers
Rahmfrischkäse
Crottin de Chavignol
Frischkäse
Dales Cheese
Danablu
Edamer
Emmentaler
Englischer Ziegen-
hartkäse
Epoisses
Esrom
Explorateur
Feta
Fontina
Fourme d'Ambert
Gaperon
Gjetost
Gloucester
Gorgonzola
Gouda
Grana Padano

Greyerzer
Gubbeen
Halloumi
Havarti
Idiazabal
Monterey Jack
Kefalotiri
Lanark Blue
Lancashire
Langres
Le Brouère
Leicester
Leidener
Limburger
Livarot
Mahón
Manchego
Maroilles
Maytag
Milleens
Mimolette
Morbier
Mozzarella
Munster
Ossau-Iraty
Parmigiano-Reggiano
Pecorino
Picodon
Pont l'Évêque
Port Salut
Provolone
Pyrenäenkäse
Raclette
Reblochon
Ricotta
Robiola
Roquefort
Sainte-Maure
Saint-Nectaire
Samsø
Schabziger
Sbrinz
Selles-sur-Cher
Shropshire Blue
Stilton
Taleggio
Tête de Moine
Tetilla
Tilsiter
Tomme de Savoie
Freiburger Vacherin
Vacherin Mont d'Or
Valençay
Wensleydale

Appenzeller

Ostschweiz

Dieser sehr würzige Käse wurde früher von Familienverbänden hoch in den Bergen der beiden Halbkantone Appenzell-Innerrhoden und -Außerrhoden hergestellt. Heute umfaßt das Herstellungsgebiet auch die Kantone St. Gallen, Thurgau und Zürich.

Der Appenzeller ist ein Schnittkäse oder Halbhartkäse, ursprünglich dafür vorgesehen, die kargen Wintermonate besser zu überstehen. Im Aussehen ähnelt er dem Greyerzer, schmeckt aber sehr viel kräftiger und auch interessanter. Seine feste Naturrinde mit dem rötlichbraunen Belag kommt durch regelmäßiges Abbürsten mit »Sulz«, einem Gemisch aus Wein, Salz, Hefe und Gewürzen, zustande.

Die runden Käselaibe von 7 bis 9 cm Höhe und 30 bis 33 cm Durchmesser wiegen zwischen 6,2 und 8 kg. Der elfenbeinfarbene bis hellgelbe Teig zeigt eine gleichmäßig verteilte – und bei Appenzeller bäuerlicher Herkunft großzügige – erbsgroße Lochung.

Appenzeller hat ein recht kräftiges Aroma und schmeckt ausgesprochen fruchtig und würzig; diese Würze schmeckt man noch eine ganze Weile nach. Der feine Schnittkäse, gereicht mit Vollkornbrot und Butter, ist die ideale Zwischenmahlzeit an einem Wintertag.

Die Schweizer ziehen mit einem speziellen Käsehobel dünne Scheiben von einem Stück Appenzeller ab und essen dazu frisches Obst oder Salate. Eine andere Form der Zubereitung besteht darin, die Käsescheiben in einem Teig aus Eiern, Bier und Milch auszubacken. Appenzeller eignet sich aufgrund seines Schmelzverhaltens besonders gut für Gratins, Saucen und Käsefondue.

Appenzeller wird aus naturbelassener Vollmilch hergestellt. Die Gallerte wird grob zerschnitten und nachgewärmt, bevor der Käsemeister die Bruchmasse in die Käseformen einbringt. Gelagert werden die jungen Käselaibe in Reifekellern mit hoher Luftfeuchtigkeit, wo sie auch regelmäßig mit »Sulz« abgerieben werden. Sie lagern drei bis fünf Monate, Appenzeller »extra« sogar ein halbes Jahr.

Echter Appenzeller ist an dem Bären auf dem Etikett zu erkennen, der dem Wappen des Halbkantons Appenzell entnommen ist.

VARIANTE

Appenzeller Räßkäse: Der aus entrahmter Milch hergestellte Käse reift wesentlich länger als der herkömmliche Appenzeller, hat einen dunkleren Teig und schmeckt sehr viel kräftiger.

REZEPT

Alte Maa

Dieses einfache Gericht, auch unter der Bezeichnung »Arme-Leute-Brot« bekannt, ergibt in Kombination mit einem gemischten Salat eine nahrhafte Mahlzeit. Brot vom Vortag in Scheiben schneiden, mit Salz und Pfeffer bestreuen und mit Appenzeller-Scheiben in eine tiefe Schüssel schichten. Mit etwas Milch übergießen und 1 Stunde stehenlassen, bis das Brot die Flüssigkeit aufgesogen hat. Die eingeweichten Schnitten in eine Pfanne geben, mit einem Spatel flachdrücken und 5 bis 6 Minuten auf jeder Seite goldgelb und knusprig braten.

Milch	Rohmilch von Kühen
Käsetyp	Schnittkäse/Halbhartkäse
Fettgehalt	45 % Fett i. Tr.
Reifezeit	3 bis 5 Monate
Geschmack	kräftig-würzig
Wein	körperreicher Syrah bzw. Shiraz

Asiago d'Allevo

Nordostitalien

Auf der Hochebene von Asiago im Nordosten Italiens wird bereits seit mehr als 1000 Jahren Käse hergestellt, wobei früher Schafe die Milch lieferten. Heute konzentriert sich die Produktion auf die Provinzen Vicenza und Trient sowie auf Teile von Padua und Treviso.

Der heutige Asiago d'Allevo wird in großen Rädern von 30 bis 36 cm Durchmesser hergestellt. Unter der glatten, gelblichgrauen Rinde kommt ein hellstrohfarbener Teig mit vielen kleinen Löchern zum Vorschein. Der recht weiche Käse schmeckt angenehm mild-würzig: nußartig mit einem leicht zitronigen Nachgeschmack. Mit zunehmender Reife wird der Käse härter und kompakter und entwickelt ein leicht säuerliches Aroma.

Oben: *Nudelauflauf mit Asiago*

Jüngeren Asiago serviert man vorzugsweise mit italienischem Brot. Älteren Käse reibt man über Polenta, Pasta oder Suppe bzw. rührt ihn unter Risottos. Asiago wird aus Kuhmilch hergestellt, die man sechs bis zwölf Stunden in kleinen Bottichen stehenläßt und dann abrahmt. Nur selten wird Rohmilch von zwei verschiedenen Melkgängen verarbeitet. Ist dies der Fall, wird von der Milch des ersten Melkgangs nur der Rahm abgeschöpft, wodurch sich der Fettgehalt erhöht.

Nach der Wärmebehandlung und dem Ablaufen der Molke wird der Käsebruch zunächst in spezielle Holzformer, *fascere* genannt, geschöpft. Nach dem Salzbad werden die Käselaibe drei bis fünf Monate gelagert, damit sie optimal reifen.

VARIANTEN

Asiago vecchio und Asiago stravecchio: Diese Käselaibe werden neun Monate bzw. zwei Jahre gelagert. Mit zunehmender Reife ändert sich der Geschmack von würzig bis ausgesprochen kräftig.

Asiago pressato (Pressato): Diese handelsübliche Form von Asiago kommt aus den Großkäsereien in Venetien und wird viel exportiert. Der Käse wird aus pasteurisierter Vollmilch hergestellt und hat somit einen höheren Fettgehalt als der Asiago d'Allevo. Er wird gepreßt, um die Reifung zu beschleunigen, und kommt nach etwa vier Wochen auf den Markt. Der Käse hat einen weichschnittigen Teig und schmeckt mild.

Amerikanischer Asiago: In einigen US-amerikanischen Käsereien werden mittlerweile ganz passable Varianten dieses italienischen Favoriten hergestellt. Asiago ist ein relativ neues Produkt der Vella Cheese Company und schmeckt angenehm sahnig und fruchtig. Diese Variante wird sechs bis zwölf Monate gelagert, bevor sie in den Handel kommt.

Milch	fettarme Rohmilch von Kühen
Käsetyp	Schnittkäse/Halbhartkäse
Fettgehalt	zwischen 34 und über 40 % Fett i. Tr.
Reifezeit	3 bis 5 Monate
Geschmack	mild-würzig
Wein	rassiger, aromatischer Chardonnay

Räucherkäse

Österreich

Dieser Räucherkäse ist eine Schmelzkäse-Zubereitung, die in Rollenform angeboten wird. Der blaß strohfarbene Teig ist sehr kompakt und elastisch. Räucherkäse ist ein Produkt aus jungem Greyerzer und emmentalerähnlichen Käsen. Servieren Sie ihn auf einer gemischten Käseplatte oder mit Bleichsellerie und Kräckern.

VARIANTEN

Deutscher Räucherkäse: Dieses Produkt ist dem österreichischen sehr ähnlich. Der einzige Unterschied besteht darin, daß das Räuchern nach dem Einschmelzen erfolgt und nicht vorher.
Bruder Basil: Die flachen, mit einer rötlichbraunen Wachsschicht überzogenen Käsebrote sind eine deutsche Spezialität traditioneller Herstellung, die anschließend in den Rauch gehängt wird.

Milch	pasteurisierte Vollmilch von Kühen
Käsetyp	schnittfester Schmelzkäse mit Plastikhaut
Fettgehalt	45 % Fett i. Tr.
Reifezeit	keine
Geschmack	mild
Wein	Chardonnay mit dezentem Eichenholzton

Babybel

Frankreich

Dieses appetitlich anzusehende, mit Wachs überzogene Käselaibchen wurde 1931 in Frankreich kreiert. Die dicke, gut ablösbare Wachsschicht hält den Käse drei bis vier Monate frisch. Trotz seines relativ neutralen Geschmacks erfreut sich der Babybel größter Beliebtheit bei den Konsumenten.

Babybel wird nach dem gleichen Verfahren wie Edamer hergestellt. Dementsprechend ist der Teig ähnlich blaß und fest, ja fast gummiartig. Geschmacklich erinnert er mehr an einen sehr milden, leicht sahnigen Gouda.

VARIANTE

Mini-Babybel: Portionsgerechte Laibchen Babybel, die verbraucherfreundlich mit einem Aufreißband zum Öffnen versehen sind.

Milch	Kuhmilch
Käsetyp	halbfester Schnittkäse, nachgewärmt
Fettgehalt	45 % Fett i. Tr.
Reifezeit	2 bis 3 Monate
Geschmack	sehr mild
Wein	leichter Rotwein nach Art eines Beaujolais

Banon

Südostfrankreich

Dieser kleine Käse, benannt nach einem Marktflecken östlich von Avignon, wird in Kastanienblätter eingeschlagen und mit Raphia-Bast verschnürt. Die Käseoberfläche ist etwas klebrig und dunkelt nach. Der leicht krümelige Teig ist weiß und riecht nach saurer Milch, der Geschmack ist mild und leicht säuerlich.

VARIANTEN

Saint-Marcellin (auch Marcellin): Dieser Käse aus der Region Dauphiné in Südostfrankreich wird aus Kuhmilch hergestellt.
Amerikanischer Banon: Ein kleiner Ziegenkäse, ähnlich dem Banon, aber mit intensivem Kräutergeschmack. Im US-Bundesstaat Indiana wird ein ebenfalls aus Ziegenmilch hergestellter Banon in Weißwein und Weinbrand eingelegt.

Milch	Schaf-, Ziegen- oder Kuhmilch
Käsetyp	Weichkäse oder halbfester Schnittkäse
Fettgehalt	45 % Fett i. Tr.
Reifezeit	2 Wochen bis 2 Monate
Geschmack	mild
Wein	Pinot blanc

Bavariablu

Bayern

Der überaus beliebte Bavariablu ist eine moderne Käsekomposition – ein Cambozola: außen mit dem weißen Schimmel des Camembert überzogen, innen vom blau-grünen Edelpilz des Gorgonzola durchsetzt.

Der cremefarbene Teig, der stellenweise von einem blaßblauen Pilzgeflecht durchsetzt ist, schmeckt angenehm sahnig und mild, leicht zitronig und nach Pilzen. Der Käse sollte mindestens eine Stunde vor dem Servieren aus dem Kühlschrank genommen werden.

Milch	pasteurisierte, aufgerahmte Kuhmilch
Käsetyp	halbweicher Blauweißschimmelkäse
Fettgehalt	70 % Fett i. Tr.
Reifezeit	2 bis 4 Wochen
Geschmack	mild und sahnig, nicht sehr aufregend
Wein	trockene Riesling-Weine

VARIANTEN

Castello blue: die dänische Version des Bavariablu

Timboon Farmhouse Blue: ein australischer Blauschimmelkäse mit weicher Rinde, hergestellt aus Biomilch

Beaufort

Haute-Savoie, Frankreich

Dieser Bergkäse ist die geniale Antwort der Franzosen auf den Greyerzer. Sein vollmundiger, fruchtiger Geschmack ist das Ergebnis eines Reifeprozesses in den feucht-kühlen Höhlen und Kellern zwischen Annecy und dem Mont Blanc in den französischen Alpen. Abgeschieden in dieser Bergregion liegt die Ortschaft Beaufort, wo die Kühe auf Almwiesen weiden und die schmackhafte Milch für den gleichnamigen Käse liefern.

Typisch für die großen Käseräder ist der leicht nach innen gewölbte Rand. Die einzelnen Räder wiegen durchschnittlich 40 kg und besitzen eine dünne, tiefgelbe Naturrinde. Der Teig hat eine sehr feste, aber elastische Konsistenz und weist wenige kleine Löcher auf, hin und wieder kommt es auch zu horizontalen Rissen.

Der Teig riecht angenehm nussig und sahnig. Der Geschmack ist unverkennbar: sehr fruchtig-nussig, fast karamelartig und nicht zu

Milch	Rohmilch von Kühen
Käsetyp	Hartkäse aus nachgewärmtem, gepreßtem Bruch
Fettgehalt	50 % Fett i. Tr.
Reifezeit	mindestens 6 Monate bis zu 2 Jahren
Geschmack	fruchtig-nussig, mittelkräftig
Wein	Chardonnay mit dezentem Eichenholzton

salzig. Servieren Sie Beaufort mit knusprigem Baguette und Süßrahmbutter oder in einem gemischten Salat. Wenn Sie ihn lieber nach dem Essen auftischen wollen, präsentieren Sie ihn »solo«, lediglich mit Kräckern und einigen Mandeln garniert.

Der Beaufort läßt sich vielseitig verwenden. In seinem Herstellungsgebiet kommt er beim traditionellen Omelette à la Savoyarde und beim Kartoffelgratin zum Einsatz. Dank seiner guten Schmelzeigenschaften eignet er sich vorzüglich für die warme Küche, etwa zum Überbacken von gegrillten Zucchini oder Ofenkartoffeln.

Der Beaufort wird ähnlich wie der Greyerzer in den Sennereien auf den Almen hergestellt. Die besten Käse werden im August aus der Sommermilch produziert und sind dann ab März oder April des Folgejahres auf dem Markt. Die allerbesten Exemplare reifen jedoch länger als die vorgeschriebene Mindestzeit von sechs Monaten und kommen dementsprechend erst sehr viel später in den Handel. Ausgewählte Käselaibe werden als Beaufort Chalet d'Alpage bezeichnet.

REZEPT

Omelette à la Savoyarde

4 gekochte Kartoffeln in Scheiben schneiden und in Butter braten, bis sie leicht gebräunt sind. 8 Eier mit 100 g geraspeltem Beaufort verquirlen. Die Mischung salzen und pfeffern und über die gebratenen Kartoffelscheiben gießen. Bei mittlerer Hitze garen, bis die Eimasse am Boden gestockt ist. Unter dem heißen Grill fertiggaren. Nach Belieben gehackten frischen Kerbel unter die Eier rühren.

Beenleigh Blue

Devonshire, England

Die grünen Täler der englischen Grafschaft Devonshire sind die Heimat dieses aromatischen Blauschimmelkäses aus Schafrohmilch. In den 80er Jahren im kleinen Rahmen begonnen, hat die Käseproduktion inzwischen eine solche Größenordnung erreicht, daß der Beenleigh Blue nun ganzjährig verkauft werden kann.

Der Käse hat eine sehr dünne Naturrinde. Der kreideweiße Teig mit der leicht krümeligen Struktur ist ungleichmäßig von blauen Adern durchzogen. Er riecht intensiv nach gerösteten Nüssen und Schimmel. Im Geschmack schlägt zunächst eine vordergründige Fruchtigkeit von Wein und Nüssen durch, die aber einem milden und sahnigen Aroma weicht, das schließlich in einen aromatischen Pilzgeschmack übergeht.

Diesen Käse serviert man mit Portwein oder einem anderen Dessertwein und einfachen Kräckern – allein oder zusammen mit anderen Käsesorten. Er macht sich auch sehr gut in Salatsaucen, als Pizzabelag und auf gegrilltem Ziegenkäse mit Pinienkernen.

Rechts: *Brokkoli-Pizza mit Beenleigh Blue*

VARIANTEN

Harbourne Blue: Dieser Blauschimmelkäse wird noch manuell aus Rohmilch von Ziegen des Dartmoor-Berglandes in Devon hergestellt. Der daraus produzierte Käse ist ein Schnittkäse/Halbhartkäse, der nach dreimonatiger Reifezeit einen sehr ausgeprägten, würzigen Geschmack entwickelt hat.

Devon Blue: Dieser Blauschimmelkäse wird mittlerweile aus Kuhmilch von verschiedenen Bauernhöfen hergestellt, und man hat sich zu einer behutsamen Wärmebehandlung entschlossen. Der Käse wird sechs Monate gereift und kommt anschließend, in Goldfolie eingewickelt, auf den Markt. Sein Aroma erinnert an modrige Blätter, Nüsse und Rosinen. Er schmeckt angenehm sahnig und nussig und riecht nach weichem Leder.

REZEPT

Rote-Bete-Suppe mit Beenleigh Blue

2 Zwiebeln hacken und in Butter glasig dünsten. 250 g geschälte und gehackte Rote Beten, 1 große geschälte und gehackte Kartoffel und 800 ml Brühe zugeben und mit Salz und Pfeffer würzen. Die Flüssigkeit zum Kochen bringen und zugedeckt bei schwacher Hitze köcheln lassen, bis die Roten Beten gar sind. Den Topfinhalt im Mixer pürieren und erneut im Topf erhitzen. Ein Baguette in Scheiben schneiden und toasten. Reichlich Beenleigh Blue auf den getoasteten Brotscheiben verteilen, den Käse gut andrücken und kurz unter den heißen Grill schieben. Die Suppe auf Schalen verteilen und mit den Käse-Croûtons belegen.

Milch	Schafmilch
Käsetyp	weicher Blauschimmelkäse
Fettgehalt	47 % Fett i. Tr.
Reifezeit	5 bis 8 Monate
Geschmack	mittelkräftig
Wein	Portwein

Bel Paese

Norditalien

Dieser berühmte Butterkäse wurde von dem Käseproduzenten Galbani 1929 kreiert und erfreut sich mittlerweile größter Beliebtheit. Heute kommt er aus Großkäsereien in der Lombardei und in New Jersey (USA).

Bel Paese wird in flachen, 2 kg schweren Rädern mit einer dünnen Rinde hergestellt. Der strohfarbene Teig mit der kleinen Lochung ist zu fest zum Streichen, aber etwas zu weich, um sich gut schneiden zu lassen. Sein Butteraroma und der leicht säuerliche, zarte Buttergeschmack machen ihn zu einem idealen Käse für die warme Küche.

Milch	pasteurisierte Kuhmilch
Käsetyp	gepreßter, halbfester Schnittkäse
Fettgehalt	45 bis 52 % Fett i. Tr.
Reifezeit	6 bis 8 Wochen
Geschmack	leicht säuerlich, sehr mild
Wein	leichter Chardonnay oder Barbera

VARIANTE

Italico: Bezeichnung für Käse ähnlichen Typs, die von Konkurrenzfirmen unter verschiedenen Markennamen verkauft werden.

Bleu d'Auvergne

Auvergne, Frankreich

Der Bleu d'Auvergne war ursprünglich eine Imitation des berühmten Roquefort, wurde aber aus Kuhmilch statt aus Schafmilch hergestellt. Heute wird der namhafte Käse im Zentralmassiv in den Regionen Cantal und Puy-de-Dôme produziert und genießt Ursprungs- und Namensschutz. Seine Herstellung erfolgt zwar noch immer auf Bauernhöfen, wird aber mehr und mehr in Käsereien verlegt. Wie der Roquefort reift er teilweise noch in Höhlen und wird nach zwei Monaten Reife »pikiert«, das heißt mit Nadeln durchstochen.

Er wird in flachen Laiben von mittlerer Größe hergestellt. Da die Rinde sehr dünn ist, wird der Käse zum Schutz in Zinnfolie gewikkelt. Der elfenbeinfarbene Teig, der zum Rand hin etwas dunkler wird, ist sehr cremig und geschmeidig. Er weist vereinzelt Löcher auf und ist ziemlich gleichmäßig von blaugrünen Pilzadern durchzogen.

Milch	pasteurisierte Kuhmilch
Käsetyp	halbfester Blauschimmelkäse
Fettgehalt	45 % Fett i. Tr.
Reifezeit	etwa 3 Monate
Geschmack	kräftig bis pikant
Wein	Sauternes

Der Käse duftet sahnig-würzig und schmeckt recht kräftig. Der salzige Beigeschmack verstärkt sich mit fortschreitender Marmorierung. Gemeinhin wird der Bleu d'Auvergne als pikant, aber nicht zu scharf eingestuft. Servieren Sie ihn nach dem Essen mit süßen Trauben.

Dank seiner vorzüglichen Schmelzeigenschaften ist dieser Käse ideal zum Kochen. Sparsam verwendet, würzt er Soufflés, aber auch Schaumomeletts. Kleine Stückchen davon werden unter Blattsalate gemischt, oder er wird zum Verfeinern von Saucen zu Prinzeßbohnen und Walnüssen oder für Kartoffelsalat verwendet.

VARIANTEN

Bleu des Causses (s. Abb. S. 65): Eigentlich ist dieser Käse keine Variante, sondern eine eigenständige Sorte. Er stammt wie der Bleu d'Auvergne aus dem südlichen Zentralmassiv und ist ihm sehr ähnlich. Hergestellt wird er aus Rohmilch und anschließend unter vergleichbaren Bedingungen wie der Roquefort gereift. In seiner Konsistenz ist er cremiger als der Bleu d'Auvergne und im Geschmack noch ein wenig komplexer und kräftiger.

Bleu de Quercy: vom Typ her ähnlich wie der Bleu des Causses

REZEPT

Blumenkohlsuppe mit Edelpilzkäse

2 Lauchstangen kleinschneiden und in Butter behutsam anbraten, bis sie weich sind. Mit 1 kleinen Glas Sherry ablöschen. 1 kleinen, geputzten und kleingeschnittenen Blumenkohl und 680 ml Gemüsebrühe zugeben. Zum Kochen bringen und 20 Minuten leise köcheln lassen. Die Mischung pürieren und 100 g zerkrümelten Bleu d'Auvergne unterrühren. Die Suppe noch einmal kurz erhitzen und sofort servieren.

Bleu de Bresse

Burgund, Frankreich

Der Bleu de Bresse, auch Bresse Bleu genannt, wurde in den 50er Jahren als kleinere Version des Saingorlon, einer Gorgonzola-Variante aus dem Ersten Weltkrieg, entwickelt. Heute wird er aus pasteurisierter Milch ausschließlich in Großkäsereien hergestellt.

Der Bleu de Bresse wird in verschiedenen Größen angeboten, jeweils mit glatter weißer bis bläulicher Rinde. Der Teig ist cremigblaß und von blaugrünen Schimmeladern durchzogen. Er hat ein zartes Milcharoma und schmeckt mild und fein nach Pilzen. Man serviert den Bleu de Bresse mit Stangensellerie und Birnen.

VARIANTE

Pipo Crème: Nur einer von vielen Markennamen, die von französischen Käsereien für diesen Käsetyp verwendet werden.

Milch	pasteurisierte Kuhmilch
Käsetyp	weicher Blauweißschimmelkäse
Fettgehalt	50 % Fett i. Tr.
Reifezeit	einige Wochen
Geschmack	mild
Wein	leichte bis mittelkräftige Rotweine

Bleu de Gex

Nordostfrankreich

Der Bleu de Gex und sein enger Verwandter, der Bleu de Septmoncel, werden als Käse mit kontrollierter Herkunftsbezeichnung unter dem Schutznamen Bleu du Haut Jura zusammengefaßt. Die meisten Käsehändler bieten die beiden Sorten, die sich sehr ähnlich sind, aber unter ihrem jeweiligen Namen an.

Der zu Rädern geformte Käse wiegt bis zu 6,8 kg und hat eine natürlich gereifte, gebürstete Rinde, die trocken, hart und weißlichgelb ist. Beim Einkauf ist darauf zu achten, daß der Käse keine Risse zeigt oder sich schmierig anfühlt. Der elfenbeinfarbene und von dunkelblaugrünem Schimmel durchzogene Teig ist kompakt und cremig, im Aroma relativ mild. Er schmeckt recht pikant und edelbitter.

Als kleine Mittagsmahlzeit serviert man ihn mit Pickle und Stangensellerie. Sein Aroma verfeinert ein Dressing für einen gemischten Blattsalat mit Walnüssen.

Milch	Rohmilch von Kühen
Käsetyp	Weichkäse mit Blauschimmel
Fettgehalt	45 % Fett i. Tr.
Reifezeit	2 bis 3 Monate
Geschmack	mild bis kräftig
Wein	guter weißer Burgunder

Bonchester

Schottland

Dieser Weichkäse ist einer der wenigen britischen Käse, die die Voraussetzungen für das von der EU vergebene Gütesiegel der kontrollierten Herkunftsbezeichnung erfüllen.

Herstellt wird der Bonchester in kleinen, flachen Laiben mit weißem Schimmelbelag, auf dem sich während der Reifung eine gelblichbräunliche Flora entwickelt. Der Teig nimmt mit der Zeit eine tiefgelbe Farbe an. Gereifter Bonchester hat das Aroma von Butter und Dosenmilch und einen milden, sahnigen Nachgeschmack.

VARIANTE

Teviotdale: Dieser Käse entsteht durch das Zusammenpressen von vier Bonchester-Laiben. Während der drei- bis viermonatigen Reifezeit entwickelt er einen festen, cremigen Teig mit floralen Aromen.

Milch	Rohmilch von Jersey-Kühen
Käsetyp	Weichkäse mit Weißschimmelrinde
Fettgehalt	44 % Fett i. Tr.
Reifezeit	10 Wochen
Geschmack	mild
Wein	roter Bordeaux (Claret)

Boursault

Nordwestfrankreich

Der auch als »Triple crème« (»dreifache Rahmstufe«) bezeichnete kleine Weichkäse aus der Normandie und der Île de France steht beispielhaft für einen guten Fabrikkäse.

Er hat eine leichte, weiße Schimmelflora mit einem Stich ins Rötliche. Sein Teig ist cremig und mild aromatisch, der Geschmack leicht nussig und trotz der reichlich verwendeten Sahne nicht zu mächtig.

Servieren Sie diesen Käse mit Trauben oder Stangensellerie oder verfeinern Sie damit Käsesuppen, Fondues bzw. Saucen. Für eine Nudelsauce entfernen Sie die Rinde und schmelzen Sie den Käse in etwas Hühnerbrühe, angereichert mit frischen Kräutern.

Der Boursault wurde von einem gewissen Henri Boursault »erfunden«, dessen Firma inzwischen dem Käseproduzenten Boursin gehört. Der Kunde kann zwischen Exemplaren mit Gold- (aus Rohmilch hergestellt) oder Silberetikett (aus pasteurisierter Milch) wählen.

Milch	aufgerahmte Kuhmilch
Käsetyp	Weichkäse der Doppelrahmstufe
Fettgehalt	75 % Fett i. Tr.
Reifezeit	3 bis 4 Wochen
Geschmack	mild und nussig
Wein	Rioja

Boursin

Nordwestfrankreich

Diese aromatische Frischkäse-Zubereitung mit Knoblauch und Kräutern war einer der ersten fertig gewürzten Käse, die bei den Konsumenten großen Anklang fanden.

Der Käse kommt in vier Versionen auf den Markt: mit Knoblauch und Kräutern, natur, mit Pfeffer und in einer fettreduzierten Variante.

Boursin paßt gut zu Baguette, Knäckebrot oder Pumpernickel. Man kann den Frischkäse auch zum Bestreichen von Schnittchen oder zum Füllen von Selleriestangen, Datteln oder Tomaten verwenden.

Milch	Kuhmilch
Käsetyp	Doppelrahmfrischkäse
Fettgehalt	70 % Fett i. Tr.
Reifezeit	keine
Geschmack	mild bis aromatisch
Wein	Sancerre oder Sauvignon blanc

VARIANTEN

Le Tartare: Markenname eines Konkurrenzprodukts, das in Deutschland im Kunststoffbecher angeboten wird.

Rondelé und Alouette: zwei in den USA angebotene Marken

Brie

Nordwestfrankreich

Der Brie gehört zu Frankreichs »Königen der Käse«. Diese Auszeichnung erhielt der Brie angeblich bei einem Käsewettbewerb, den der französische Staatsmann Talleyrand 1815 während des Wiener Kongresses ausgerichtet hatte. Damit wollte er etwas Abwechslung in die eintönigen Verhandlungen um die politische Neuordnung Europas bringen. Alle dreißig Staatenvertreter präsentierten ihre landestypischen Käsesorten, doch als Talleyrand den Brie de Meaux vorstellte, wurde dieser Käse einstimmig zum »König aller Käse« gekrönt. Heute ist er einer der meistkopierten Käse der Welt.

Seinen Ursprung hat der Brie im Département Seine-et-Marne in der Île de France, doch heute gibt es nur noch zwei Brie-Käse, die in Frankreich Ursprungsschutz genießen: Brie de Meaux und Brie de Melun. Beide sind entsprechend gekennzeichnet.

Die Laibe des Brie de Meaux in Form einer flachen Torte wiegen zwischen 900 g und 3,2 kg und haben einen Durchmesser von 35 bis 37 cm bei einer Höhe von ca. 2,5 cm. Der Käse ist mit dichtem Weißschimmel und einer leichten rotbräunlichen Käseflora bedeckt, was ihn von zahlreichen Kopien unterscheidet. Der anfangs noch strohfarbene, später dann elfenbeinfarbene bis gelbe Teig ist auf dem Höhepunkt seiner Reife cremig-weich, zerfließt aber noch nicht ganz. Brie riecht nach würzigen Weiden und gerösteten Nüssen und vielleicht ein wenig nach Ammoniak. Rohmilch-Brie aus bäuerlicher Produktion ist im Geschmack fruchtig-würziger und nussiger als der Fabrikkäse. Der tortenförmige Brie de Melun ist etwas kleiner im

VARIANTEN

Brie de Melun affiné: ein vollgereifter Brie de Melun

Brie de Melun frais (auch Brie de Melun blanc): Ein ungereifter Brie de Melun mit blanker Oberfläche, der mitunter auch in Asche gewälzt wird und dann als »Bleu« auf den Markt kommt.

Brie de Montereau: Ein dem Brie de Melun affiné vergleichbarer Käse, der aber nur sechs Wochen gereift wird.

Brie laitier und Brie-Käse aus anderen französischen Gebieten: Brie aus der Großkäserei wird unterschiedlich hergestellt, aber immer aus pasteurisierter Milch. Geschmacklich können es die Fabrikkäse jedoch keineswegs mit den beiden ursprungsgeschützten Brie-Sorten aufnehmen. Sie haben allenfalls ein dezentes Pilzaroma, das von der Rinde herrührt, der Teig ist jedoch relativ geschmacksneutral. Auch die Teigbeschaffenheit läßt leider oft zu wünschen übrig. Das liegt teils an dem 52- oder gar 60prozentigen Fettgehalt und teils an den veränderten Herstellungsverfahren, wodurch diese Käse so präpariert werden, daß sie nicht wie ein Brie aus bäuerlicher Produktion weiterreifen. Deshalb können sie monatelang im Regal eines Supermarktes liegen, ohne daß irgendwelche Veränderungen stattfinden. Zu diesen Brie-Sorten gehören Belle des Champs, Suprême des Ducs und Délice.

Dunbarra: ein cremiger Weichkäse mit Weißschimmelrinde, fester als Brie und milder im Geschmack

Somerset Brie: Eine sahnige englische Brie-Sorte aus der englischen Grafschaft Somerset, die geschmacklich durchaus überzeugt.

Bath Soft Cheese: Nach einem Originalrezept aus dem 19. Jahrhundert hergestellter Weichkäse, der dem Brie sehr ähnlich ist. Er wird aus unbehandelter Milch produziert und schmeckt vollmundig und leicht zitronig mit einem dezenten Pilzaroma.

Vermont Farmhouse Brie: Die Käsemacher Karen Galayda und Tom Gilbert, die einst für die Craigston Cheese Company in Massachusetts arbeiteten, waren die ersten, die in den USA einen Weißschimmelkäse produzierten. Inzwischen haben sie in Vermont ihren eigenen Herstel-

VARIANTEN (FORTS.)

lungsbetrieb, wo sie die Milch einer sehr schonenden Wärmebehandlung unterziehen, so daß der daraus hergestellte Käse einem entsprechenden Rohmilchkäse geschmacklich sehr nahekommt.

Fairview Estate Brie: Graham Sutherland produziert einen brieähnlichen Käse im südafrikanischen Suider Paarl.

Timboon: ein preisgekrönter australischer Brie aus Biomilch, erzeugt von Timboon Farmhouse Cheeses im Bundesstaat Victoria

Grape Vine Ash Brie: Ein Produkt aus dem australischen Neusüdwales. Die geformte Bruchmasse wird mit Weinasche bestreut und so lange gereift, bis sich ein weißer Schimmelrasen gebildet hat.

Nichtfranzösischer Brie-Käse aus industrieller Herstellung: In verschiedenen Ländern produzierter Käse, meist aus Herstellungsbetrieben, die französischen Käsereien gehören. Einige werden auch unter Markennamen verkauft, z. B. der dänische Dania.

Französischer und deutscher blauer Brie: In Deutschland entwickelte man einen Blauweißschimmelkäse, der dem Brie sehr ähnlich ist und der später dann von den Franzosen kopiert wurde. Er hat einen hohen Fettgehalt (meist 70 % Fett i. Tr.).

Abbey Blue Brie: ein im irischen County Laois hergestellter Bauernkäse aus Vollmilch von Kühen

Milch	Kuhmilch
Käsetyp	Weißschimmelkäse
Fettgehalt	45 bis 60 % Fett i. Tr.
Reifezeit	Bauernkäse: 4 bis 10 Wochen; Fabrikkäse: 3 Wochen
Geschmack	mild bis fruchtig-würzig
Wein	körperreicher Chardonnay oder deutsche Dessertweine

Durchmesser und wird länger gereift als der Brie de Meaux. Er hat einen goldgelben Teig und eine rotbräunliche, mit weißen Schimmelflecken durchsetzte Käseflora. Zudem riecht und schmeckt der Brie de Melun kräftiger als der Brie de Meaux.

Ein reifer Brie hält sich nur etwa drei Tage, wenn er nicht gekühlt wird. Zur Aufbewahrung einer angeschnittenen Torte empfiehlt es sich, ein Stück Pappe gegen die Schnittflächen zu pressen, damit der Käse nicht zerfließt. Er wird im Gemüsefach des Kühlschranks gelagert.

Brie leistet auch in der warmen Küche gute Dienste. Wenn man die Rinde entfernt und den Käse an Suppen und Saucen gibt, schmilzt er im Nu. In Scheiben geschnitten, gibt man ihn an Kartoffelgerichte, Fisch-Pies und geschmortes Gemüse. In Tortenstücke zerteilt, läßt sich Brie gut mit einer Senfsauce auf einem Salatbett servieren, oder man paniert und fritiert ihn.

Oben: *Fritierter Brie*

Der klassische Brie wird sowohl aus Rohmilch als auch aus pasteurisierter Milch hergestellt. Die Gallerte wird weder zerschnitten noch gepreßt. Die Kunst der Brie-Herstellung besteht im gleichmäßigen Ausschöpfen des Bruchs in die perforierten Formen und im optimalen Abtropfen der Molke. Allzuleicht kommt dabei ein kalkig-trockener, gipsähnlicher Käse zustande. Nach dem Formen werden die Käse auf Stroh- oder Plastikmatten gelegt und regelmäßig gewendet. Nach einer Woche werden die Käsetorten mit einer speziellen Penicillin-Schimmelkultur besprüht und anschließend bei sorgfältig kontrollierten Temperaturen gelagert, bis sie gleichmäßig durchgereift sind. Brie aus bäuerlicher Produktion schmeckt am besten, wenn er im Spätsommer und Herbst gekauft und verzehrt wird.

Brillat-Savarin

Normandie, Frankreich

Dieser herrlich cremige Käse ist nach Brillat-Savarin benannt, einem aus dem napoleonischen Frankreich in die USA geflohenen Schriftsteller und Politiker. Er soll einst gesagt haben, eine Mahlzeit ohne Käse sei wie eine schöne Frau mit nur einem Auge.

Allerdings ist der Käse längst nicht so alt wie sein Name. Er wurde nämlich erst Anfang des 20. Jahrhunderts von Henri Androuët, dem legendären Pariser Käsespezialisten, entwickelt und dann nach dem berühmten Franzosen benannt. Dieser Käse wird in kleinen, 450 g schweren runden Laiben hergestellt. Er ist mit leichtem, flaumigen Weißschimmel bedeckt und hat einen butterweichen Teig.

Der Brillat-Savarin riecht säuerlich-frisch und schmeckt angenehm rahmig und vollmundig. Wenn er zu lange reift, dunkelt die Rinde nach, und der Teig wird unangenehm ölig. Servieren Sie diesen Käse nach gegrilltem Fleisch zusammen mit frischen Früchten.

Milch	Kuhmilch, mit heißem Rahm versetzt
Käsetyp	Weichkäse, Doppelrahmstufe, florale Rinde
Fettgehalt	78 % Fett i. Tr.
Reifezeit	3 Wochen
Geschmack	sehr mild
Wein	Champagner

Brin d'amour

Korsika, Frankreich

Der Brin d'amour, auch Brindamour, ist ein Käse für alle, die Kräuter lieben. Aromatische Mittelmeerkräuter wie Rosmarin, wilder Thymian und Bohnenkraut, vermischt mit Koriandersamen, Wacholderbeeren und winzig kleinen roten Chilischoten, dienen diesem kleinen runden oder quadratischen Käse, der auch »Fleur de maquis« genannt wird, als würzende Umhüllung.

Jung und frisch hat dieser Käse einen schneeweißen Teig von cremig-weicher, feuchter Konsistenz. Mit zunehmender Reife wird der Teig dunkler und fängt an zu zerfließen, um schließlich wieder fest zu werden. Der würzige Käse schmeckt ohne die Kräuterauflage recht mild und zart. Gereifter Brin d'amour schmeckt sehr nussig und leicht modrig. Mehr als zwei Monate alter Käse ist am würzigsten.

Brin d'amour macht sich gut auf einer Käseplatte. Man kann ihn mit Oliven als appetitliche Vorspeise reichen oder an Salate geben.

Milch	Schaf- oder Ziegenmilch oder eine Mischung
Käsetyp	Weich- bis Halbhartkäse, mit Kräuterauflage
Fettgehalt	45 % Fett i. Tr.
Reifezeit	2 bis 10 Wochen
Geschmack	mild bis kräftig-würzig
Wein	rustikaler Provence-Rotwein

Cabrales

Nordspanien

Dieser Edelschimmelkäse von besonderer Güte wird auf den Bauernhöfen in den Picos d'Europa im Norden Spaniens von Hand hergestellt und in Höhlen gereift, wo die feuchtkalten Meereswinde der Biscaya für eine gute Belüftung sorgen.

Die Menschen, die in dieser Region leben, halten Kühe, Ziegen und Schafe und erzeugen aus deren unbehandelter Milch Käse, je nach Verfügbarkeit der Milch in unterschiedlicher Zusammensetzung. Der Käse wird in kleinen bis mittelgroßen Zylindern hergestellt und hat eine bräunlichgelbe, recht schmierige Rinde.

Echter Cabrales ist in Platanenblätter eingewickelt, doch aus hygienischen Gründen wird zunehmend auf diese Umhüllung verzichtet und der Käse statt dessen in grüne Folie eingeschlagen. Nach Möglichkeit sollte man einen natürlich verpackten Cabrales wählen, weil gerade die Blätter dem Käse sein unverwechselbares Aroma geben.

Milch	Rohmilch von Ziegen, Schafen und Kühen
Käsetyp	halbfester, gereifter Blauschimmelkäse mit Naturrinde
Fettgehalt	45 bis 48 % Fett i. Tr.
Reifezeit	3 bis 6 Monate
Geschmack	kräftig
Wein	Oloroso Sherry oder (weißer oder junger roter) Rioja

Der Käseteig ist cremefarben und von kräftigblauem Schimmel durchsetzt, der am Rand oft stärker auftritt als in der Mitte. Man kann die einzelnen Käsekörner fast deutlich erkennen. Die Konsistenz ist eher krümelig als feucht, aber trotzdem so weich, daß sich der Käse gut aufs Brot streichen läßt.

Der Cabrales hat einen sehr ausgeprägten, leicht salzigen Geschmack, der angenehm auf der Zunge brennt. Sein kräftiges Aroma wird von holzigen und zitronigen Tönen begleitet. Servieren Sie diesen Käse solo nach dem Hauptgang oder genießen Sie ihn in Kombination mit Tomaten und Landbrot als eigenständige Mahlzeit. In Spanien vermischt man den Cabrales mit kleingehackten schwarzen Oliven und streicht diese Paste auf getoastetes Brot oder gibt sie – mit Sidra dem traditionellen Apfelwein – an ein fondueähnliches Gericht. Geschätzt wird er auch als Zutat in Saucen zu Fleisch und Gemüse.

Der beste Cabrales wird im Spätfrühling erzeugt, denn dann gibt es Milch von Tieren, die auf den saftigen Bergwiesen geweidet haben. In den anderen Jahreszeiten sind meist nur geringe Mengen an Ziegen- und Schafmilch verfügbar. Nach Aussage der Einheimischen säuert Kuhmilch den Käse, während Ziegenmilch ihn pikant macht und Schafmilch ihm Aroma und Konsistenz verleiht.

Für den Cabrales wird die Mischung aus Schaf-, Kuh- und Ziegenmilch auf die herkömmliche Art dickgelegt. Nach mehreren Stun-

Oben: *Asturien, die Heimat des Cabrales und ähnlicher Käsetypen*

den wird die Gallerte in walnußgroße Stücke zerteilt und zum Abtropfen in zylindrische Käseformen geschöpft. Nach dem Salzen müssen die Käselaibe eine Zeitlang trocknen, dann werden sie zum Reifen in die luftigen Höhlen gebracht. Dort bildet sich außen auf dem Käse Schimmel, der sich allmählich ins Innere vorarbeitet. Gleichzeitig besiedeln Hefen die Käseoberfläche und verleihen der Rinde ihre bräunlichgelbe Farbe und das kräftige Aroma.

VARIANTEN

Picón: Ein spanischer Blauschimmelkäse mit geschützter Herkunftsbezeichnung (DOP), der dem Cabrales sehr ähnelt und aus dem Kantabrischen Gebirge stammt. Wie der Cabrales kann auch er aus der Rohmilch von Kühen, Ziegen und Schafen erzeugt werden, doch meist ist es nur Kuhmilch. Nebeneinandergelegt sind die beiden Käsesorten kaum zu unterscheiden.

Gamonedo oder Gamoneu: Wie der Cabrales und der Picón stammt auch dieser Käse aus der Berglandschaft Asturiens. Allerdings sind die zylindrischen Laibe etwas höher und haben eine graugelbe Rinde. Der Käse riecht noch kräftiger und durchdringender. Der Gamonedo wird vor der Lagerung in Höhlen leicht geräuchert. Der Teig ist fester als beim Cabrales und hat einen ganz eigenen Geschmack.

REZEPT

Steak mit Cabrales-Sauce

Einen gehäuften Teelöffel Butter mit 200 g Cabrales bei schwacher Hitze in einer Pfanne zerlassen; der Käse sollte nicht komplett schmelzen. Dann gut 200 ml Kaffeesahne (10 % Fett) unterrühren, bis eine glatte, samtige Sauce entstanden ist. Kurz vor dem Servieren behutsam erhitzen und über 4 gegrillte oder gebratene Steaks schöpfen. Dieses Rezept paßt auch gut zu Nudel- oder Kartoffelgerichten, die mitsamt der Sauce knusprig im Ofen überbacken werden können.

Caerphilly

Wales

Der Original-Caerphilly war einst sehr beliebt bei den walisischen Bergmännern, die den Käse mit zur Arbeit nahmen und dort wie Kuchenstücke verspeisten. Der sehr salzige Käse war wohl genau das Richtige, um den Salzverlust beim schweißtreibenden Kohleabbau auszugleichen. Während des Zweiten Weltkriegs wurde die Produktion eingestellt, weil die Milch für Cheddar benötigt wurde, und so wurden die walisischen Käsemacher arbeitslos.

Viele Jahre wurde der walisische Käse dann in England erzeugt, doch mittlerweile gibt es auch in Wales wieder einige Höfe, darunter Caws Cenarth und Glynhynod in Dyfed, die einen erstklassigen Caerphilly produzieren.

Der wie ein kleiner Mühlstein geformte Käse hat eine sehr dünne Rinde und einen weißen, feucht-krümeligen Teig. Er wird von Hand

Milch	Kuhmilch
Käsetyp	halbfester Schnittkäse mit Naturrinde
Fettgehalt	48 % Fett i. Tr.
Reifezeit	1 bis 2 Monate
Geschmack	angenehm säuerlich
Wein	Rioja

hergestellt, schmeckt mild-säuerlich und hat eine angenehm salzige Note. Fabrikmäßig hergestellter Käse erreicht selten diese hohe Qualität, ja schmeckt zuweilen langweilig.

Servieren Sie Caerphilly mit Trauben oder Äpfeln, oder grillen Sie ihn auf Toastbrot mit etwas Essig. Gut ist auch die Kombination mit sautierten Pilzen als Füllung für Pfannkuchen.

Oben: *Gefüllte Pfannkuchen mit Caerphilly-Käse-Sauce*

Für die inzwischen wieder florierende bäuerliche Produktion von Caerphilly wird überwiegend Rohmilch verwendet. Die Käse werden leicht gepreßt und für 24 Stunden ins Salzbad gelegt, bevor man sie mit Reismehl einreibt. Ein besonders guter Caerphilly wird von Chris Duckett auf der Wedmore Farm in Somerset produziert.

VARIANTEN

Wedmore: Ein junger Caerphilly von Duckett mit einer Auflage aus Schnittlauch, die dem Käse seinen besonderen Geschmack verleiht.
Tournagus: Ein Caerphilly von Duckett, der mit kentischem Wein gewaschen wird, wodurch sich die rötliche, streng riechende Rinde bildet.
Ribblesdale Goat's Milk: ein ungewöhnlich mild schmeckender Ziegenkäse mit der Konsistenz eines jungen Caerphilly

REZEPT

Käsewürstchen

Frische Brotkrumen, sehr fein gehackten Lauch und geraspelten Caerphilly zu gleichen Teilen mischen. Gehackte frische Petersilie, 1 Prise Senfpulver sowie Salz und Pfeffer zugeben und das Ganze mit einem verquirlten Ei binden. Die Masse zu kleinen Würstchen formen. Diese erst in Mehl, dann in verquirltem Ei und zuletzt in Semmelbröseln wälzen. Die Käsewürstchen unter gelegentlichem Wenden braten, bis sie rundum knusprig sind.

Camembert

Nordwestfrankreich

Der weltberühmte Camembert, der ursprünglich aus dem Pays d'Auge in der Normandie stammt, wird heute nicht nur in Frankreich produziert, sondern auch außerhalb der Landesgrenzen, und zwar überall dort, wo Käse fabrikmäßig hergestellt wird und zum täglichen Speiseplan gehört – also fast weltweit.

Der beste Camembert ist allerdings immer noch der aus Rohmilch, der in der Camembert-Zone in der Normandie von Hand hergestellt wird. Er genießt Ursprungsschutz und trägt das Gütesiegel AOP. Zugleich produzieren anderswo große Käsereien massenweise charakterarme Käse dieses Typs aus pasteurisierter Milch.

Wichtig ist, daß der Käse die Aufschrift »Véritable Camembert de Normandie« sowie »au lait cru« trägt, wobei letzteres besagt, daß er aus Rohmilch hergestellt wurde. Ein solcher Käse ist mit dem typischen Weißschimmel und einer leichten rötlichbraunen Käseflora bedeckt. Der strohfarbene Teig sollte gleichmäßig durchgereift sein und keinen »gipsartigen« Kern haben.

Ein guter Camembert riecht frisch und würzig nach Pilzen, schmeckt fruchtig und ist angenehm geschmeidig in der Konsistenz. Wenn der Teig schon fast zerfließt, sollten Sie die Finger davon lassen, es sei denn, Sie sind ein Liebhaber von sehr weit gereiftem Camembert. Dessen Ammoniakgeruch sollte allerdings nicht den ganzen Raum ausfüllen. Um den Reifegrad zu prüfen, nimmt man den Käse zwischen Daumen und Zeigefinger und drückt vorsichtig auf die Käsemitte. Sie sollte nur leicht nachgeben.

Einer der besten namengeschützten Camembert-Käse ist der Rohmilchkäse Sainte Mère. Der von Hand hergestellte Käse kommt als halbpfundschwerer Laib mit einem Durchmesser von 10,5 bis 11 cm und einer Höhe von 3 cm, verpackt in einer dünnen Holzschachtel, auf den Markt. Bei diesem Fabrikkäse ist der weiße Schimmelbelag von einer rötlichen Käseflora durchsetzt, während der Teig meist noch einen festen, hellen Kern hat. Er riecht nur leicht nach Pilzen und schmeckt sehr mild.

Camembert ist ideal als Imbiß oder kleine Käsemahlzeit, insbesondere in Kombination mit einem fruchtigen Pickle. Als Käsegang nach dem Essen wird der Camembert als ganzer Laib angerichtet. Tortenstücke vom Camembert serviert man mit Preiselbeermarmelade auf Roggenbrot.

Auch in der warmen Küche ist Camembert gut zu verwenden. Dazu entfernt man die Rinde und schmelzt den Käseteig in Sahnesaucen, die zu Zucchini, Pasta (s. unten) oder Fisch gereicht werden. Mit gehackten Nüssen oder Sesamkörnern ergibt der geschmeidige Teig einen delikaten Brotaufstrich, z. B. für Canapés.

Camembert wird stets in der mitgelieferten Holzschachtel aufbewahrt. Noch nicht ganz durchgereifter Käse kann zu Hause in einem kühlen Küchenschrank oder in der Speisekammer weiterreifen.

Unten: *Ravioli mit Camembert-Sauce*

Bei der traditionellen Camembert-Produktion wird die Milch für die Zugabe von Lab behutsam erwärmt. Nach einer bis anderthalb Stunden gerinnt die Rohmilch. Dann ist der Käsebruch gerade so fest, daß er in perforierte Formen geschöpft werden kann. Ist die Molke abgetropft, werden die Käse aus der Form genommen, mit der Schimmelkultur besprüht und eingesalzen. Anschließend werden sie bei hoher Luftfeuchtigkeit gelagert, bis sie vollständig durchgereift sind.

VARIANTEN

Cooleeney Farmhouse: Ein in der irischen Grafschaft Tipperary erzeugter camembertähnlicher Käsetyp mit sehr weichem Teig und kräftigem Pilzaroma. Er ist fetthaltiger und feuchter als Camembert. Bisher wurde der Cooleeney Farmhouse noch aus Rohmilch hergestellt, doch Jim Maher wird künftig wohl zu pasteurisierter Milch übergehen müssen, obwohl er dies sehr bedauert.

Vermont Farmhouse Camembert: Ein im US-amerikanischen Corinth produzierter, ganz vorzüglicher Camembert-Käse. Hier wird die Rohmilch einer überaus schonenden Wärmebehandlung unterzogen, so daß sie geschmacklich nicht beeinträchtigt wird.

Fairview Estate Camembert: Die Milch dieses Camembert-Käses aus dem südafrikanischen Suider Paarl stammt von Jersey-Kühen. Aus derselben Käserei stammt auch ein aus Ziegenmilch hergestellter, dem Camembert ganz ähnlicher Weißschimmelkäse namens St. Martin.

Timboon: ein camembertähnlicher Käse aus Biomilch, erzeugt von Timboon Farmhouse Cheeses im australischen Bundesstaat Victoria

Top Paddock Camembert: Eine weitere australische Version dieses Käsetyps, die in einer kleinen Käserei in Bena, Victoria, produziert wird

Milch	Kuhmilch
Käsetyp	Weißschimmelkäse
Fettgehalt	45 bis 50 % Fett i.Tr.
Reifezeit	1 bis 2 Monate
Geschmack	mild bis kräftig-würzig
Wein	Cidre aus der Normandie

Cantal

Auvergne, Frankreich

Der Cantal, auch Fourme de Cantal genannt, ist einer der ältesten Käse Frankreichs. Über ihn wußte schon Plinius der Ältere vor fast 2000 Jahren zu berichten. Der früher in den Sennhütten des südlichen Zentralmassivs hergestellte Käse stammt heute meist aus Käsereien in tiefer gelegenen Regionen. Dagegen ist der mit dem Cantal verwandte Salers überwiegend ein Bauernkäse geblieben.

Cantal wie Salers sind große zylinderförmige Käse mit einem Gewicht bis zu 45 kg. Beide haben eine dünne, trockene, beigegraue Rinde, die mit der Zeit nachdunkelt. Die Rinde reißt leicht und begünstigt dadurch die Schimmelbildung im Käseinnern. Der frische Käseteig dagegen ist blaßgelb, glatt und fest.

Der Käse schmeckt nussig und ein wenig säuerlich. Jemand schrieb einmal über ihn: »Sich lang und breit über ihn auszulassen, kommt einer Geschmacksverirrung gleich; er ist einfach schlicht.«

Milch	Kuhmilch
Käsetyp	Schnittkäse/Halbhartkäse
Fettgehalt	45 % Fett i. Tr.
Reifezeit	3 bis 6 Monate
Geschmack	nussig und etwas säuerlich
Wein	Rioja

Servieren Sie diesen Käse als kleine Zwischenmahlzeit mit Bauernbrot und frischem Obst oder zusammen mit anderen französischen Käsesorten nach dem Essen. Der Cantal läßt sich gut schmelzen und ist somit ideal zum Kochen. Suppen und Saucen, aber auch pikanten Käsekräckern verleiht er eine feine Käsewürze.

Rechts: *Maissuppe mit Käse*

VARIANTEN

Tomme d'Aligot: Frischer, ungereifter Cantal, der hauptsächlich für das gleichnamige regionale Gericht verwendet wird. Aligot ist eine Mischung aus Kartoffelbrei, Knoblauch und Käse.

Cantalet: 8 bis 10 kg schwerer, fabrikmäßig hergestellter Cantal aus pasteurisierter Milch

Laguiole: Käse mit geschützter Herkunftsbezeichnung, der sich nur dadurch vom Cantal unterscheidet, daß er aus Rohmilch hergestellt und länger gereift wird. Dementsprechend ist der Käse mit dem sehr kräftigen, eigenwilligen Aroma auch etwas fester als der Cantal.

Gratinierter Kohl

REZEPT

Da Cantal nicht allzusehr Fäden zieht, ist er wie geschaffen für Gratins. Einen Grün- oder Weißkohl raspeln und dämpfen. Etwas Sahne unterrühren und mit Salz und Pfeffer würzen. In hitzebeständige Portionsschalen füllen. Mit einem Gemisch aus gleichen Teilen geraspeltem Cantal und Weißbrotkrumen bestreuen und kurz unter dem heißen Grill überbacken.

Cashel Irish Blue

Irland

Louis und Jane Grubb besitzen eine Herde Holsteinerkühe, deren Milch samt und sonders für diesen Blauschimmelkäse in Wagenradform verbraucht wird. Jeder der Käselaibe trägt eine Zahl, die auf das Herstellungsdatum verweist.

Der Cashel Irish Blue hat eine blaßgelbe Rinde, die mit zunehmender Reife einen rötlichen Schimmer bekommt, während der Teig immer weicher wird, bis er fast zerfließt. Nach sechswöchiger Reifezeit kommt der Käse in den Handel. Der elfenbeinfarbene Teig ist dann recht krümelig und schmeckt leicht säuerlich. Im Laufe der nächsten sechs Wochen wird der Käse immer cremiger und entwikkelt einen würzig-pikanten Geschmack nach getrockneten Kräutern und modrigen Blättern. Wer einen richtig durchgereiften Käse wünscht, lagert ihn bei Temperaturen zwischen 2 und 6 °C. Servieren Sie zu diesem Edelpilzkäse Kräcker, Vollkornbrot oder Walnußbrot.

Milch	Kuhmilch
Käsetyp	halbfester Blauschimmelkäse
Fettgehalt	47 bis 54 % Fett i. Tr.
Reifezeit	1 bis 4 Monate
Geschmack	würzig bis kräftig
Wein	leichte, fruchtige Weine

Dänischer Höhlenkäse

Norddänemark

Anfang der 80er Jahre beschloß Aage Jensen von der Vellev-Käserei bei Aarhus im Norden von Jütland, die von Menschenhand erbauten Höhlen bei Monsted als »Reifekeller« für seine Käse auszuprobieren. Dank der konstanten Temperatur von 8 °C und der hohen Luftfeuchtigkeit bieten sie ein ideales Mikroklima für die Käsereifung. Als Lagerstätte haben sie sich bestens bewährt und ihm bereits zahlreiche Goldmedaillen für seine Käse eingebracht.

Höhlenkäse wird nach einem traditionellen Danbo-Rezept hergestellt, dank modernster Technik wird die Milch jedoch einer besonders schonenden Wärmebehandlung unterzogen und büßt somit kaum an Geschmack ein. Der Käse wird gepreßt, in eine Salzlösung eingelegt und mit einer Bakterienkultur abgewaschen, bevor er dann etwa einen Monat in den Höhlen lagert.

Milch	Kuhmilch
Käsetyp	Schnittkäse/Halbhartkäse
Fettgehalt	45 % Fett i. Tr.
Reifezeit	8 bis 14 Wochen
Geschmack	mild-würzig bis kräftig
Wein	Rioja

Dänischer Höhlenkäse ist von geschmeidiger Konsistenz und weist eine nur sparsame kleine Lochung auf. Nach acht Wochen Lagerung entwickelt er allmählich ein karamelartiges, angenehm kräftiges Aroma, ähnlich wie der Port Salut. Der Geschmack ist nun mild, aber aromatisch. Da der Käse jedoch insgesamt bis zu 12 oder 14 Wochen reift, schmeckt er zunehmend pikanter und interessanter.

Chabichou du Poitou

Mittelfrankreich

Diesen kleinen zylinderförmigen Käse, benannt nach der Verkleinerungsform für »Ziege« im Dialekt des oberen Loire-Tals, kauft man am besten im Sommer oder zu Herbstbeginn. Die ursprungsgeschützte Version wird auf den Bauernhöfen im Poitou aus Rohmilch von Ziegen hergestellt, ist aber selbst in Frankreich rar.

Allerdings sind auch die Molkereikäse aus pasteurisierter Milch von guter Qualität und praktisch überall erhältlich. Sie kommen einfach als Chabichou laitier auf den Markt. Andere Käse dieses Typs werden als Cabrichou, Chabi oder Cabrichiu bezeichnet.

Alle diese Käse haben eine blaßgelbe Naturrinde, auf der sich während der Lagerung gelegentlich ein bläulichgrauer Schimmel bildet. Bei einem jungen Chabichou ist der Teig fest und zäh, wird aber mit zunehmender Reife feucht, fast streichfähig. Geschmack-

Milch	Ziegenmilch
Käsetyp	weicher bis fester Ziegenkäse mit Naturrinde
Fettgehalt	45 % Fett i. Tr.
Reifezeit	2 bis 3 Wochen
Geschmack	mild bis kräftig
Wein	Sauvignon blanc zu jungem Käse; Cabernet franc zu gereiftem Käse

lich variiert der Käse je nach Alter von angenehm mild bis nussig und recht pikant. Allen gemeinsam ist das »Ziegen-Aroma«.

Servieren Sie Chabichou mit knusprigen Brötchen oder als Käsegang mit anderen Ziegenkäsen. Probieren Sie einmal jungen, frischen Chabichou, in Scheiben geschnitten, an Salaten, angemacht mit Zitronensaft, Olivenöl und gerösteten Pinienkernen. Gereifter Chabichou verfeinert mit seinem besonderen Geschmack pikante Pasteten oder Saucen, die zu Blumenkohl und Brokkoli gereicht werden.

VARIANTEN

Cabécou: Eigentlich ist dieser Ziegenkäse aus dem Languedoc eine eigenständige Sorte und keine Variante. Gemeinsam haben sie nur die Verkleinerungsform für »Ziege«, hier in der Mundart des Languedoc. Cabécou wird in runden Laibchen unterschiedlicher Größe hergestellt und variiert je nach Reife von kreideweiß, weich und mild bis hin zu bläulich, hart und würzig-aromatisch. Berühmt ist der Cabécou d'Entraygues aus Aquitanien. Die kleinsten Exemplare steckt man auf Cocktailspieße, größere Laibchen garniert man mit Salatblättern und Orangenscheiben.
Chabis Sussex Goat Cheese: Ein kleiner zylinderförmiger Ziegenkäse aus East Sussex. Durch die verwendete Rohmilch erhält der fertige Käse eine sehr cremige Konsistenz und zergeht auf der Zunge. Er schmeckt mild und angenehm würzig »nach Ziege«.

REZEPT

Tomaten mit Ziegenkäse-Füllung

12 Tomatenhälften aushöhlen und auf Salatblättern anrichten. Ein kleines Bund Brunnenkresse hacken und mit 4 gehackten Frühlingszwiebeln, 12 entkernten und gehackten Weintrauben und 1 oder 2 zerkleinerten Ziegenkäse-Laibchen mischen. Alle Zutaten mit etwas Naturjoghurt binden und die Masse in die vorbereiteten Tomatenhälften füllen.

Chaource

Nordostfrankreich

Dieser Weichkäse schmeckt in allen Reifestadien überaus köstlich und paßt wie kein anderer Käse zu Champagner, der aus derselben Region stammt.

Der Chaource in der Form eines flachen Zylinders wird in zwei Größen hergestellt. Die Rinde ist anfangs weiß und entwickelt während der Reifung eine rötliche Flora. Die ursprungsgeschützten Käse werden in kleinen Käsereien ausschließlich aus Rohmilch hergestellt, fabrikmäßig erzeugte Käse dagegen aus pasteurisierter Milch.

Der junge, frische Chaource hat einen hellgelben, frischkäseartigen, etwas »kalkigen« Teig, der mit zunehmender Reife immer geschmeidiger wird und schließlich vom Rand zur Mitte hin zerläuft. Frischer Chaource schmeckt mild und leicht säuerlich, gereift hat er einen vollmundigen, nussigen Geschmack.

Servieren Sie diesen Käse auf Toast oder mit frischen Früchten. Probieren Sie auch einmal mit Chaource überbackene Ofenkartoffeln.

Milch	Rohmilch von Kühen
Käsetyp	Weißschimmelkäse
Fettgehalt	50 % Fett i. Tr.
Reifezeit	2 bis 8 Wochen
Geschmack	mild, leicht säuerlich
Wein	Champagner oder guter roter Burgunder

Cheddar

Südwestengland

Cheddar ist der meistproduzierte Käse der Welt und wird demzufolge oft abschätzig als einfacher »Billigkäse« abgetan. Dabei gibt es sehr wohl erstklassigen Cheddar, sowohl traditionell als auch fabrikmäßig hergestellt.

Echter Farmhouse Cheddar wird noch heute in kleinen Mengen in der Gegend um Cheddar und in anderen Teilen von Südwestengland produziert. Der Käse in der charakteristischen Zylinderform kann bis zu 27,5 kg wiegen und wird »bandagiert«, damit eine schöne feste Rinde von graubrauner Farbe entsteht. Dieser Cheddar aus bäuerlicher Produktion reift im Schnitt zwischen 6 und 18 Monaten.

Guter Cheddar hat eine geschmeidige und ziemlich feste Konsistenz, er darf weder elastisch noch krümelig sein. Der goldgelbe Teig dunkelt mit zunehmender Reife nach. Junger Cheddar ist im Aroma recht mild und fruchtig, dabei nußartig und oft etwas salzig. Gereift schmeckt er kräftig und vollmundig, angenehm nussig mit einer recht pikanten Note. Ältere Exemplare schmecken scharf und salzig.

Rechts: *Auberginen-Tomaten-Gratin*

Milch	Kuhmilch
Käsetyp	Hartkäse mit bandagierter Rinde
Fettgehalt	45 bis 48 % Fett i. Tr.
Reifezeit	3 Monate bis 3 Jahre
Geschmack	mild bis kräftig
Wein	Chianti oder kalifornischer Zinfandel

Nach etwa einem Jahr bilden sich auf dem Käse kleine Kristalle, die beim Verzehr zwischen den Zähnen knirschen. Hierbei handelt es sich nicht, wie so oft vermutet, um Salzkristalle, sondern um auskristallisiertes Kasein. Besonders ausgeprägt ist diese Kristallbildung auf Cheddar mit einer Reifezeit von zwei oder drei Jahren, wie dies bei neuseeländischem Käse der Fall ist.

Ein guter Cheddar aus traditioneller Herstellung verdient eine Sonderstellung bei der Präsentation. Servieren Sie ihn mit Kräckern und Selleriestangen. Ein solcher Farmhouse Cheddar ist auch das Herzstück eines echten englischen Ploughman's Lunch (s. S. 42). Doch nehmen Sie auf keinen Fall billige, zu essigsaure Pickles.

Cheddar ist ein Käse mit guten Schmelzeigenschaften und somit ideal zum Kochen. Bereits kleine Mengen eines gut gereiften Exemplars geben vielen Gerichten eine besondere Würze, ohne sie zu dominieren. Es empfiehlt sich, den Käse vor der Zugabe zu raspeln.

Guter Cheddar bleibt mindestens zwei Wochen frisch, wenn er gut verpackt im Kühlschrank gelagert wird. Falls sich auf dem Käse Schimmel bilden sollte, wird dieser einfach abgekratzt.

Farmhouse Cheddar wird sowohl aus Rohmilch als auch aus pasteurisierter Vollmilch hergestellt. Zum Dicklegen der Milch verwendet der Käser erst eine Starterkultur und dann Lab. Die entstandene Gallerte zerteilt er

Links: *Top Paddock Cheddar*

anschließend in erbsgroße Körner und erwärmt diesen Käsebruch behutsam. Nach Ablaufen der Molke wächst der Bruch zu einem sogenannten Bruchkuchen zusammen. Dieser wird in handliche Stücke geschnitten, die dann mehrmals um- und aufeinandergeschichtet werden, damit auch die restliche Molke noch ablaufen kann. Dieses Umschichten heißt »Cheddaring« und ist für die besondere Teigbeschaffenheit des Cheddars verantwortlich. Nach diesem Arbeitsschritt wird die faserig gewordene Bruchmasse geschnitzelt, gesalzen, in runde Formen eingefüllt und gepreßt. Traditionelle Hersteller bandagieren die Käselaibe vor der Lagerung mit Tüchern. Andere formen sie zu großen Blöcken, die dann, in Folie eingeschweißt, reifen.

Foliengereifter Cheddar unterscheidet sich zwar im Geschmack von dem traditionell bandagierten Käse, doch wenn der Käsemacher sein Handwerk versteht, schmeckt auch dieses Produkt ganz passabel.

Neben dem herkömmlichen Cheddar produzieren einige Käsereien inzwischen auch diverse Cheddar-Spezialitäten unter Zusatz von Gewürzen, Bier, Rosinen oder anderem, z. B. den Red Windsor mit Adern aus Holunderwein. Einige Cheddar-Versionen werden auch geräuchert oder mit anderen Käsetypen kombiniert bzw. geschichtet.

REZEPT

Käsestangen

Diese appetitlichen Käsestangen sollten innerhalb von 1 bis 2 Tagen verzehrt werden – wenn dann überhaupt noch etwas da ist ...
150 g Weizenvollkornmehl mit 1 Teelöffel Senfpulver und einer Prise Salz in eine Schüssel sieben. 6 Eßlöffel Butter und 125 g geraspelten Lye Cross Cheddar unterrühren. Das Gemisch mit einem verschlagenen Ei und etwas Milch zu einem glatten Teig verarbeiten. Den Teig etwa 5 mm dick ausrollen und in fingerbreite Streifen schneiden. Die Teigstreifen auf ein Backblech legen und im vorgeheizten Ofen etwa 10 Minuten bei 190 °C goldbraun backen.

VARIANTEN

English Farmhouse Cheddar: Es gibt kaum noch Bauernhöfe, auf denen Cheddar aus Rohmilch hergestellt wird. Einer der wenigen Rohmilchkäse kommt aus Somerset: Der Keen's Mature Cheddar, der nach frischen Haselnüssen duftet und kräftig nach Salz und Nüssen schmeckt. Der ein bis anderthalb Jahre alte Käse entwickelt oft Kaseinkristalle und sogar eine Blauäderung. Noch interessanter ist der preisgekrönte Montgomery Cheddar von der Manor Farm bei Yeovil. Er zeichnet sich durch ein würziges Aroma und einen vollmundigen Geschmack aus. Der Lye Cross Organic Cheddar stammt ebenfalls aus der Grafschaft Somerset, wird aber aus pasteurisierter Biomilch hergestellt. Er reift ein Jahr und hat dann ein angenehm säuerliches Aroma. Sein Geschmack ist nußartig und immer von einer milden Säure. Quicke's of Devon ist ein wesentlich größerer Hersteller. Die hier produzierten Käse können geschmacklich aber nicht immer mit den obengenannten mithalten.
Cheddarähnliche Käse: Auch außerhalb der traditionellen Cheddar-Region werden einige erstklassige Käse nach Cheddar-Rezeptur hergestellt. Sie unterscheiden sich zwar von den West Country Cheddars, sind aber trotzdem ausgezeichnet. Lincolnshire Poacher ist einer davon. Er ist recht hart und geschmacklich vollmundig und aromatisch, fast ein wenig bitter. Ein ähnlicher Käsetyp ist der Tyn Grub aus Südwales mit mehr Würze und Säure als die meisten anderen Cheddar-Käse.
Scottish Farmhouse Cheddar: Auf der Insel Mull produziert Jeff Reade einen erstklassigen cheddarähnlichen Käse aus Rohmilch von seiner eigenen Rinderherde. Der in der Destillerie von Tobermory gereifte Käse ist sehr fest bzw. »geschlossen« und schmeckt kräftig-würzig.
Dunlop: Ein Fabrikkäse, der dem industriell hergestellten Cheddar in Blockform sehr ähnelt, nur daß er farblich blasser ist und einen wasserreicheren und damit weniger festen Teig hat. Auch fehlt ihm der charakteristische Cheddar-Geschmack. Eine rühmliche Ausnahme bildet der Dunlop von Ann Dorward aus Ayrshire.
Arran und Orkney: Diese beiden Dunlop-Varianten werden auf der Insel Arran bzw. auf den Orkneyinseln produziert. Es gibt auch einen traditionell hergestellten Orkney, der den Dales Cheeses (s. S. 112) ähnelt, jedoch etwas fester und auch schärfer ist.

VARIANTEN (FORTS.)

Amerikanischer Cheddar: Die meisten der in den USA verkauften Cheddars stammen aus Großkäsereien und werden landläufig einfach als »American cheese« bezeichnet. Sie sind größtenteils mit Annatto orange gefärbt und mit einer schwarzen, roten oder orangefarbenen Wachsschicht überzogen. Coon nennt sich eine Cheddar-Variante, die mindestens zwölf Monate reift und überwiegend im Mittleren Westen verzehrt wird. Tillamook gehört zu den wenigen amerikanischen Molkereikäsen, die wirklich schmackhaft und aromatisch sind. Diese Cheddar-Variante wird von der Tillamook Cheese Company in Oregon produziert. Ihr Sortiment umfaßt sowohl Annatto-gefärbte als auch ungefärbte Käse und eine Reihe von Käsen unterschiedlicher Reifestadien. Der Vintage Tillamook wird z. B. 18 Monate gereift. Es gibt aber auch kleinere Käsereien, die guten Cheddar erzeugen. Dazu gehören die Loleta Cheese Factory und die Vella Cheese Company in Kalifornien sowie die Rogue River Valley Creamery in Oregon. Drei weitere Käsereien, die erstklassigen Cheddar produzieren, sind in Vermont ansässig: die Cabot Creamery, deren zwei Jahre alter Private Broth Cheddar besonders zu empfehlen ist, die Grafton Village Company und die preisgekrönte Shelburne Farms.

Kanadischer Cheddar: Obwohl der kanadische Cheddar überwiegend aus großen Käsereien stammt, ist er von gleichmäßig guter Qualität. Die bekannteste Marke außerhalb Kanadas ist Black Diamond Cheddar.

Australischer Cheddar: Wie sein US-Verwandter wird auch der australische Cheddar kommerziell hergestellt; meist ist er nicht sonderlich interessant. Hinter dem Markennamen Coon verbirgt sich ein australischer Cheddar, während Cheedam eine Verbindung zwischen Cheddar und Edamer ist. Top Paddock heißt eine kleine Herstellerfirma in Bena, Victoria. Sie produziert einen Cheddar, der neun Monate reift und einen sehr vollen und charakteristischen Geschmack entwickelt.

Neuseeländischer Cheddar: Erstklassiger Cheddar wird fabrikmäßig in Neuseeland hergestellt. Die Anchor Food Company exportiert ein Kontingent ihrer besten Käse nach Großbritannien, wo sie ein bis zwei Jahre weiterreifen, so daß sie am Ende zwei oder gar drei Jahre alt sind. Sie haben einen ausgeprägten, fruchtigen Geschmack mit Karamel- und Gewürznoten.

Cheshire

Nordwestengland

Der Cheshire ist möglicherweise der älteste Käse Englands. Er wurde bereits im Reichsgrundbuch aus dem Jahre 1086 erwähnt und läßt sich bis in römische Zeit zurückverfolgen. Außer in der Grafschaft Cheshire wird der Käse in Teilen von Shropshire und Staffordshire vor allem in Großkäsereien erzeugt. Wie so oft gibt es große Qualitätsunterschiede zwischen dem Cheshire aus bäuerlicher Produktion (Farmhouse Cheshire) und dem sogenannten Fabrikkäse.

Farmhouse Cheshire wird in 18 kg schweren zylinderförmigen Laiben hergestellt, die gewachst oder umtucht sind. Besonders zu empfehlen sind die Käse von Overton Hall, Mollington Grange Farm und der Abbey Farm. Letztere erzeugt den einzigen heute erhältlichen Rohmilch-Cheshire mit der traditionellen Umtuchung.

Cheshire hat einen seidig-feuchten, krümeligen Teig mit »offener« Struktur. Der White Cheshire mit weißem Teig ist ungefärbt,

Milch	Kuhmilch
Käsetyp	bandagierter oder umtuchter und gewachster Hartkäse
Fettgehalt	45 bis 48 % Fett i. Tr.
Reifezeit	4 bis 8 Wochen
Geschmack	mild bis kräftig
Wein	Mersault oder ein US-Cabernet Sauvignon

während der Red Cheshire sein kräftiges Orangerot dem Zusatz des pflanzlichen Farbstoffs Annatto verdankt. Beide Cheshire-Varietäten sind mild und schmecken leicht salzig. Mit zunehmender Reife entwickeln sie einen pikanten Geschmack.

Cheshire kann man zu jeder Tageszeit reichen: ob mit frischem Obst oder Rohkost, auf einer Käseplatte oder mit süßen Pickles, Radieschen und Stangensellerie als kleinem Imbiß. Früher war es üblich, Cheshire mit Früchtekuchen zu servieren. Auch gekochten Speisen gibt der Käse die passende Würze. Er harmoniert besonders gut mit Eiern und sollte daher in duftigen Schaumomelettes nicht fehlen.

Da Cheshire für eine längere Aufbewahrung nicht geeignet ist, sollte man jeweils nur kleine Mengen kaufen. Abzuraten ist von Käse, der trocken und rissig ist oder übermäßig »schwitzt«.

VARIANTEN

Blue Cheshire: Durch die offene Teigstruktur kommt es beim Cheshire leicht zur Schimmelbildung. Diese »blauen« Varianten mit der intensiven Marmorierung und dem recht kräftigen Geschmack, auch bekannt als Green Fade, werden seit 1997 nicht mehr hergestellt.

Gospel Green: Ein sehr aromatischer, dem Cheshire ähnlicher Käse mit offener Teigstruktur, der in Surrey hergestellt wird; sehr schmackhaft mit grasiger Note.

REZEPT

Welsh Rarebit

Cheshire ist der Originalkäse für dieses traditionelle britische Gericht, für das es viele verschiedene Zubereitungsarten gibt. Hier eine davon: 2 Eßlöffel Butter in einem Topf zerlassen, 1 gehäuften Eßlöffel Mehl und jeweils knapp 125 ml Bier und Milch zugeben. Die Flüssigkeit unter ständigem Rühren mit einem Schneebesen zum Kochen bringen, bis sie eindickt. 2 Minuten weiterköcheln lassen und 110 g geriebenen Cheshire, 1 Teelöffel Senfpulver und 1 Prise Cayennepfeffer unterrühren. Die cremige Käsemasse auf 4 Toastscheiben verteilen. Unter den vorgeheizten Grill schieben und goldgelb überbacken.

Chèvre

Frankreich

Chèvre (»Ziege«) ist die Kurzbezeichnung für französischen Ziegenkäse. Es gibt ihn in allen Formen und Größen, einige davon werden auch unter ihrem eigenen Namen im Käseverzeichnis geführt. Häufig steht Chèvre jedoch für die charakteristische Rollenform (*bûchette*), die in Frankreich fabrikmäßig hergestellt wird. Sie hat einen Durchmesser von 5 bis 7,5 cm und eine weiße Schimmelrinde. Die Rollen werden in Stroh- oder Plastikmatten gewickelt.

Der weiche, körnige und gut streichfähige Teig ist reinweiß und schmeckt in der Regel sehr mild und angenehm salzig. Es gibt aber auch Exemplare mit einem ausgeprägteren »Ziegengeschmack«.

Man reicht die Rolle gegrillt mit knusprigem Brot. Ziegenkäse schmeckt auch vorzüglich an Salaten, angemacht mit Nüssen, Kapern oder frischen Kräutern und einer Vinaigrette.

Unten: *Überbackener Bagel mit Chèvre*

VARIANTEN

Es gibt Hunderte verschiedener Ziegenkäse, die sich nicht so leicht in eine bestimmte Kategorie einordnen lassen. Nachfolgend finden Sie eine Auswahl an Sorten, die geschmacklich hervorragend sind. Bei einigen handelt es sich um landestypische Käsespezialitäten.

FRANZÖSISCHE ZIEGENKÄSE

Charollais (auch: Charolles): Ein kleiner Käselaib aus Burgund, der in verschiedenen Reifegraden auf Frankreichs Märkten angeboten wird.
La-Mothe-Saint-Heray: Ein kleiner, flacher, fabrikmäßig hergestellter Weißschimmelkäse, der in Wein- oder Platanenblättern reift.
Selles-sur-Cher: Dieser kleine Käse in Form eines leicht verjüngten Zylinders stammt von der südlichen Loire. Charakteristisch ist die ihn umgebende Ascheschicht und sein reinweißer, zartschmelzender Teig mit der feinen Nußnote. Mit zunehmender Reife wird der Teig fester und der Geschmack kräftiger (s. auch S. 202).

BRITISCHE ZIEGENKÄSE

Gedi: Ein milder, cremiger Käse aus Hertfordshire, der in der Variante »natur« oder mit Kräuterauflage zu haben ist.
Innes: frischer Bauernkäse aus Rohmilch von der Highfields Dairy in Staffordshire
Mine-Gabhar: ein gereifter Weichschimmelkäse, hergestellt von Luc und Anne van Kempen im County Wexford (Irland)
Perroche: Ein sehr milder, frischer Käse aus Kent. Sein leicht zitroniger Geschmack harmoniert gut mit der Estragonauflage; er ist auch mit anderen Kräutern erhältlich.
Tymsboro: Ein Rohmilchkäse, der wie eine abgeschnittene Pyramide aussieht und mit Asche bestäubt ist. Der Teig wird am Rand weicher der Kern bleibt jedoch fest. Der Geschmack ist mild und fruchtig.
Vulscombe: aus Rohmilch, ohne Labzugabe hergestellter und leicht gepreßter Ziegenfrischkäse
Wigmore: Ein delikater Rohmilchkäse, den Anne Wigmore auf Spencers Wood in Berkshire produziert. Nach acht Wochen Reife hat sich auf dem Käse die typisch runzlige, graue Haut gebildet. Der geschmeidige Teig schmeckt sahnig-frisch.

VARIANTEN (FORTS.)

AMERIKANISCHE ZIEGENKÄSE

Coach Farm: Diese Käserei im Bundesstaat New York produziert verschiedene Ziegenfrischkäse und Ziegenweichkäse. Jung und frisch sind sie feucht und leicht krümelig, und mitunter haben sie eine würzige Auflage aus Kräutern oder Gewürzen.

Cypress Grove: Diese Farm im nördlichen Kalifornien produziert frischen und gereiften Ziegenkäse. Die älteren Exemplare schmecken aufregend nussig und würzig.

Fromagerie Belle Chèvre: Diese Käserei aus Alabama ist berühmt für ihre Ziegenkäse. Besonders zu empfehlen ist die frische Ziegenrolle.

AUSTRALISCHE ZIEGENKÄSE

Eine Delikatesse sind die Käse, die Gabrielle Kervella von Fromage Fermier im westaustralischen Gidegannup herstellt. Sie ging extra nach Frankreich, um dort die Kunst der Chèvre-Herstellung zu erlernen, und besitzt heute ihre eigene Herde Milchziegen.

Oben: *Mine-Gabhar*

Milch	Ziegenmilch
Käsetyp	Ziegenweichkäse mit Weißschimmel
Fettgehalt	45 % Fett i. Tr.
Reifezeit	keine
Geschmack	mild
Wein	Sauvignon blanc

Colby

Wisconsin, USA

Der im ausgehenden 19. Jahrhundert kreierte Fabrikkäse steht bei den amerikanischen Konsumenten heute hoch im Kurs. Geschmacklich ähnelt der Colby dem Cheddar, ist also angenehm mild, hat aber eine weichere, fast seidige Teigstruktur. Der Colby ist oft mit Annatto orangegelb gefärbt.

Den geschmacklich wohl besten Colby produziert die Crowley Cheese Company unter dem Namen Crowley Cheese. Erhältlich ist junger (zwei Monate alt) und gereifter (bis zu einem Jahr) Colby. Der milde Käse wird meist als Sandwich-Belag verwendet.

V A R I A N T E

Longhorn: Bezeichnung für ganze Colby-Laibe in der Form eines länglichen Zylinders

Milch	Kuhmilch
Käsetyp	Hartkäse
Fettgehalt	45 % Fett i. Tr.
Reifezeit	2 Monate
Geschmack	sehr mild
Wein	kalifornischer Zinfandel

Comté

Nordostfrankreich

Dieser französische Hartkäse, auch unter der Bezeichnung Gruyère de Comté bekannt, wird überwiegend in kleinen Käsereien hergestellt. Die fertigen Käselaibe werden anschließend in spezialisierten Käsereifungsstätten gelagert, wo ein Käsepfleger, der Affineur, ihre Pflege während der Reifungszeit übernimmt.

Die 20 bis 60 kg schweren Laibe haben eine dünne goldgelbe bis bräunliche Rinde. Der elfenbeinfarbene bis gelbliche Teig zeigt haselnuß- bis kirschgroße Löcher und reißt beim Anschnitt leicht.

Der Käse entwickelt während der Reife herrlich fruchtige und florale Aromen und schmeckt dann nußartig und sahnig bis aromatisch. Seine angenehm salzige Note bleibt lange am Gaumen haften. Bei älteren Käsen ist der Geschmack kräftig. Servieren Sie den Comté nach dem Essen mit Obst oder verwenden Sie ihn als Sandwich-Belag in Kombination mit Schinken oder französischer Salami.

Milch	Rohmilch von Kühen
Käsetyp	Hartkäse mit gebürsteter Naturrinde
Fettgehalt	45 % Fett i. Tr.
Reifezeit	5 bis 12 Monate
Geschmack	kräftig aromatisch
Wein	Chianti classico riserva oder Rioja

Cornish Yarg

Cornwall, England

Dieser appetitliche kleine Käse aus Cornwall hat eine interessante Umhüllung aus Brennesselblättern, die dem Käse eine dezente pflanzliche oder kräuterartige Geschmacksnote geben.

Der Name Yarg ist einfach nur das rückwärts buchstabierte »Gray«, der Name des Käsemachers, der diesen Käse nach alten Rezepten wieder zum Leben erweckt hat.

Durch die Blätter erhält der Käse eine graugrüne Rinde, die einen starken Kontrast zum reinweißen Teig bildet. Die Teigbeschaffenheit erinnert an den Caerphilly, geschmacklich gibt es aber Unterschiede. Ein junger Yarg schmeckt frisch und zitronig mit einer dezenten Kräuternote. Bei älteren Exemplaren weicht die Zitronenfrische einem aromatischen Geschmack mit pfeffrigen und pflanzlichen Anteilen.

Reichen Sie diesen Käse mit Kräckern und einem edlen Tropfen. Zerkrümelter Yarg schmeckt vorzüglich an Rote-Bete-Salat mit Äpfeln.

Milch	pasteurisierte Kuhmilch
Käsetyp	Hartkäse mit Schimmel, in Brennesselblättern
Fettgehalt	57 % Fett i. Tr.
Reifezeit	6 bis 8 Wochen
Geschmack	mild
Wein	guter roter Bordeaux (Claret) oder roter Burgunder

Coulommiers

Mittelfrankreich

Der zu den Brie-Käsen zählende Coulommiers wird überwiegend fabrikmäßig in der Île de France hergestellt. Da es für ihn kein exakt definiertes Rezept gibt, erhielt er auch nie den Status der geschützten Ursprungsbezeichnung.

Der Weichkäse mit der weißen, später rötlichbraunen Flora durchsetzten Schimmelrinde hat ein dezentes Pilzaroma und schmeckt recht mild, mit zunehmender Reife jedoch kräftig-würzig. Man genießt ihn pur mit Trauben oder nimmt ihn als Brie-Ersatz.

VARIANTE

Sharpham: Ein in verschiedenen Größen hergestellter Käse aus der Rohmilch von Jersey-Kühen. Der delikate Käse reift fünf Wochen, bevor er in den Handel kommt.

Milch	Kuhmilch
Käsetyp	Weißschimmelkäse
Fettgehalt	45 % Fett i. Tr.
Reifezeit	1 Monat
Geschmack	mild bis kräftig-würzig
Wein	Rotweine wie Côtes du Rhône

Rahmfrischkäse

Weltweite Verbreitung

Hinter der allgemeinen Bezeichnung Rahmfrischkäse verbirgt sich ein Frischkäse, der mit Rahm aufgefettet ist. Dieser Käse stammt entweder aus bäuerlicher Produktion oder aus der Großkäserei. Er ist geschmeidig und streichfähig, hat einen vollmundigen Geschmack, zuweilen mit einer mild-säuerlichen Note.

Rahmfrischkäse kann man pur servieren, als Brotaufstrich verwenden und an Salate geben. In der warmen Küche verfeinert er Saucen, Suppen, Cremes und Füllungen. Nicht zuletzt ist er eine unverzichtbare Zutat im Käsekuchen, ganz gleich, ob es sich dabei um die süße oder die pikante Variante handelt.

REZEPT

Pikanter Käsekuchen

Eine Kuchenform von 20 cm Durchmesser mit Teig auslegen. 1 große, in Scheiben geschnittene Zwiebel glasig dünsten. 4 Eier verquirlen. 225 g Rahmfrischkäse und 225 g Quark mischen, Zwiebeln und Schnittlauchröllchen zugeben und mit Salz und Pfeffer abschmecken. Alles unter die Eier rühren und auf dem Kuchenteig verteilen. Bei 180 °C etwa 40 Minuten backen.

VARIANTEN

Mascarpone: Diese italienische Spezialität kommt ohne Starterkultur und Lab aus. Statt dessen wird 30prozentige Sahne mit Zitronensaft oder Zitronensäure zum Gerinnen gebracht. Anschließend gibt man die Masse in einen Musselin-Beutel, damit die Molke ablaufen kann. Früher wurde Mascarpone frisch im Lebensmittelladen zubereitet und direkt verkauft. Heute wird er meist fabrikmäßig hergestellt. Der sahnig-milde Frischkäse ist kompakt, aber dennoch streichfähig. Er paßt zu fast allen Speisen, ob süß oder pikant. In Italien hat er den gleichen Stellenwert wie anderswo der Rahmfrischkäse. Mascarpone ist eine unverzichtbare Zutat in der beliebten italienischen Süßspeise Tiramisu, für die Löffelbiskuits mit starkem Espresso getränkt und abwechselnd mit einer Creme aus Mascarpone, Eigelb und Amaretto geschichtet und anschließend mit Kakaopulver bestäubt werden.
Caboc: Ein hochfetter, in Hafermehl gewälzter Rahmfrischkäse, der aus Schottland stammt.
Neufchâtel: Markenname für einen amerikanischen Cream cheese aus dem Nordwesten und Mittleren Westen; nicht zu verwechseln mit dem gleichnamigen Weichkäse aus der Normandie
Philadelphia: Amerikanischer Handelsname für einen pasteurisierten Cream cheese, der inzwischen weltweit vermarktet wird.

Milch	Kuhmilch
Käsetyp	Frischkäse
Fettgehalt	Rahmfrischkäse mindestens 45 % Fett i. Tr.; Doppelrahmfrischkäse mindestens 65 % Fett i. Tr.
Reifezeit	keine
Geschmack	mild
Wein	Pinot noir

Crottin de Chavignol

Mittelfrankreich

Die Ziegen, die rund um die Weinberge von Sancerre im Loire-Tal grasen, liefern die Milch für den Crottin de Chavignol, der als ursprungsgeschützter Käse nur aus dem gleichnamigen Ort im Département Cher stammt. Aber auch in den umliegenden Ortschaften werden unter dem Namen Crottin gute Ziegenkäse hergestellt.

Die kleinen Laibe in der Form eines flachen Zylinders mit abgerundeter Oberfläche wiegen mindestens 60 g und sind von einer weißen, dünnen Rinde bedeckt, auf der sich nach etwa einer Woche ein graubläulicher Schimmel bildet. Der weiße Teig ist anfangs cremig und wird mit zunehmender Reife fester. Junger Käse schmeckt intensiv fruchtig und nußartig, älterer würzig-aromatisch.

Milch	Ziegenmilch
Käsetyp	Ziegenweichkäse
Fettgehalt	45 % Fett i. Tr.
Reifezeit	2 bis 3 Monate
Geschmack	mild bis kräftig
Wein	Sancerre

Servieren Sie den Crottin de Chavignol mit anderen Käsen als Käsegang oder aber solo zu Vollkornbrot. Halbiert und auf runden Toastscheiben gegrillt, ergibt er eine appetitliche Vorspeise oder Salatbeilage. Ganze Käselaibchen können im Ofen gebacken und mit einem delikaten Dressing gereicht werden.

Die Bezeichnung *crottin* (»Pferdeäpfel«) bezieht sich auf das Aussehen der ausgereiften Käselaibchen. In diesem Reifestadium wurde der Käse früher meist von den Einheimischen verzehrt.

Frischkäse

Weltweite Verbreitung

Als Frischkäse wurden früher alle ungereiften Erzeugnisse bezeichnet, die durch Säuern von unbehandelter Milch oder durch Dicklegen von pasteurisierter Milch mit Lab und anschließender Molkeabscheidung zustande kamen. Heute fallen darunter auch fabrikmäßig hergestellte Produkte wie der französische Fromage frais, der deutsche Speisequark und der amerikanische Cottage cheese.

Diese Frischkäsesorten serviert man zu frischem Brot, zu Salaten, man streicht sie auf Knäckebrot, reicht sie mit Obst oder mischt sie unter Dips oder Brotaufstriche.

Einige dieser Frischkäse-Produkte sind zwar von sehr cremiger Beschaffenheit, im Kochverhalten aber wie herkömmlicher Käse. Das heißt, man kann damit sämige Saucen zaubern, darf sie dabei jedoch nicht zu starker Hitze aussetzen. Denn oberhalb einer bestimmten Temperatur gerinnt das Eiweiß, so daß sich das Fett vom Wasser absetzt und Fäden zieht. Verwenden Sie diese Frischkäse als Basis von Füllungen oder für Käsekuchen.

Links: *Dorschrogen-Frischkäse-Dip*

VARIANTEN

Cottage cheese: Ein in den USA sehr beliebter körniger Frischkäse, meist aus Magermilch, aber auch mit Rahm hergestellt, dessen Käsemasse aus kleinen, weich-geschmeidigen Körnchen besteht und sehr mild im Geschmack ist. Dieser in Deutschland als Hüttenkäse bekannte Frischkäse ist fettarm und reich an Kalzium.

Farmer's curd cheese: Zur Quarkfamilie zählender Frischkäse, je nach Fettgehalt körnig oder mild-cremig. Es handelt sich meist um ein regionales Erzeugnis, das direkt ab Hof verkauft wird. Scottish Crowdie steht für einen einfachen Bauernfrischkäse, hergestellt unter Zugabe von Lab. Er ist fettarm und krümelig, aber feuchter als Cottage cheese und schmeckt angenehm säuerlich nach Zitrone. In den USA wird in Alabama und Vermont ein zu Blöcken gepreßter Cottage Cheese hergestellt, der sich Farmer's cheese nennt.

Fromage Frais: Der Oberbegriff für verschiedene französische Frischkäsetypen und -marken. Fromage frais kommt überwiegend aus der Molkerei und wird entweder nur mit Starterkultur oder mit Starterkultur in Kombination mit Lab hergestellt. Der Fettgehalt variiert je nach Typ von 0 bis 60 Prozent. Dieser Frischkäse ist sehr geschmeidig und cremig und schmeckt entsprechend mild und sahnig.

Paneer: Eine sehr einfache Form von gepreßtem Quarkkäse aus Indien, der früher am heimischen Herd hergestellt wurde und in vegetarischen Speisen Verwendung fand. Er ist von relativ kompakter Struktur und geschmacksneutral, so daß er andere Aromen gut aufnimmt.

Speisequark: Kurz Quark genannt, ist ein typisch deutscher Frischkäse, der in unterschiedlichen Fettgehaltsstufen angeboten wird. Quark ist ein Molkereiprodukt aus pasteurisierter Milch, die mit Milchsäurekulturen und Lab dickgelegt wird. Die Molke wird in Zentrifugen von der frischen Käsemasse getrennt. Dieser weiße Frischkäse mit seiner pastenartigen Beschaffenheit ist je nach Fettgehalt fest und eher krümelig, cremig wie Joghurt oder sehr geschmeidig. Er schmeckt angenehm frisch und mild-säuerlich.

Demi-sel und Petit-suisse: feste französische Frischkäse mit kompakterem Gefüge und einem Fettgehalt von 40 bis 60 % i. Tr.

Vulscombe: Ein englischer Ziegenfrischkäse aus Devon, der ohne Labzugabe hergestellt und leicht gepreßt wird.

Dales cheeses

Nordengland

Bauernkäse, hergestellt nach alten Rezepturen aus den »Dales«, den »Tälern« des Penninischen Gebirges im nördlichen England, erleben derzeit einen ungeheuren Boom.

VARIANTEN

Cotherstone (im Bild): Der einst berühmte Rohmilchkäse wird heute wieder in Teesdale hergestellt. Joan Cross z. B. produziert einen leicht krümeligen, zugleich weichen und saftigen Käse, der meist nach zwei bis drei Wochen verzehrt wird und angenehm säuerlich und buttrig schmeckt. Einige Händler lassen diesen Käse länger reifen, damit er fester im Teig und kräftiger im Geschmack wird.
Coverdale: Ein nach 50 Jahren wieder hergestellter Käse in Form eines hohen Zylinders mit umtuchter Rinde. Der Käse wird einen Monat gereift und entwickelt in dieser Zeit die charakteristische feucht-krümelige Konsistenz und den feinsäuerlichen Geschmack. Einige Käselaibe werden auch mit Schnittlauch aromatisiert.
Ribblesdale: Ein weiterer Käse im Stil der Dales cheeses mit feuchter, offener Teigstruktur, zart-schmelzend und sahnig im Geschmack. Es gibt ihn auch geräuchert oder mit Knoblauchgeschmack.
Swaledale: Ein dem Wensleydale ähnlicher Käse, aber weicher in der Konsistenz und etwas zitroniger im Geschmack. Der von David Reed in Richmond hergestellte Käse ist außerdem geräuchert (über Eichenholz) und mit Kräuter- und Biergeschmack erhältlich.

Danablu

Dänemark

Die Dänen entwickelten diesen Edelpilzkäse 1927 als Alternative zum Roquefort. Obwohl er mit diesem nicht allzuviel gemein hat, verkauft sich der Danablu weltweit hervorragend.

Danablu ist ein Molkereikäse aus pasteurisierter und homogenisierter Kuhmilch die für einen glatten Käsebruch und einen kräftigen Geschmack sorgt. Der Käse hat eine blanke Oberfläche und kommt in Folie gewickelt in den Handel. Der weißliche Teig mit dem blauen Innenschimmel weist einzelne, ungleichmäßig verteilte Löcher auf. Er ist etwas krümelig, aber dennoch schnittfest und ausgesprochen kräftig und scharf im Geschmack.

Danablu schmeckt köstlich auf Brot oder im Doppeldecker-Sandwich mit Schinken, Salatblatt und Tomaten. Mit Butter vermischt, wird daraus ein pikanter Brotaufstrich, zerkrümelt würzt er Salatsaucen. Er kann in kleinen Mengen auch zum Kochen verwendet werden, wobei er ausgezeichnet zu Quiches oder Saucen für Brokkoli oder Kohl paßt.

Rechts: *Danablu mit Ricotta und Fromage frais ergibt einen köstlichen Dip.*

Milch	homogenisierte Kuhmilch
Käsetyp	halbfester Schnittkäse mit blauem Innenschimmel
Fettgehalt	50 bis 60 % Fett i. Tr.
Reifezeit	7 bis 8 Wochen
Geschmack	kräftig und scharf
Getränk	Schnaps

VARIANTEN

Geschichteter Blaukäse: Danablu wird manchmal mit Rahmfrischkäse-Schichten zu länglichen Laiben geformt. Dies sieht sehr hübsch auf einer Käseplatte aus und mildert durch den Frischkäse-Zusatz den pikanten Geschmack vom Edelpilzkäse.
Jutland und Mellow Blue: Käsesorten mit höherem Fettgehalt als Danablu und milder im Geschmack
Saint Agur: Achteckiger französischer Blauschimmelkäse mit 60 % Fett i. Tr.; er schmeckt milder als der Danablu.
American blue: Gängige Bezeichnung für amerikanischen Edelpilzkäse aus der Käserei. Sein kräftiger, leicht salziger Geschmack erinnert an den Danablu, ist aber längst nicht so komplex.

REZEPT

Pikante Käsetrüffeln

110 g Kräcker zerkrümeln und mit jeweils der gleichen Menge folgender Zutaten mischen: Weichkäse, geriebener Edamer und zerkrümelter Danablu. Je 60 g gehackte Datteln und Walnüsse sowie geriebene Orangenschale zugeben. Falls die Masse zu fest ist, etwas Mayonnaise unterrühren. Kleine Bällchen aus der Masse formen und diese in geröstetem Sesam, Mohn oder gehackten frischen Kräutern wälzen. Zum Servieren auf Cocktailspieße stecken.

Edamer

Niederlande

Echter Rohmilch-Edamer mit seiner charakteristischen Schärfe, wie er jahrhundertelang hergestellt wurde, ist mittlerweile verschwunden. Heute ist er mild und leicht säuerlich, aber eher uninteressant im Geschmack.

Der kugelförmige Edamer ist leicht zu erkennen an der roten oder gelben Paraffinschicht, die allerdings nur Exportkäse umhüllt. Der schnittfeste, goldgelbe Teig ist elastisch, jedoch nicht so gummiartig wie bei jungem Fabrik-Gouda. Typisch für den Edamer ist sein leicht würziges Aroma und sein milder, reiner Geschmack mit der dezent salzigen Note, die angenehm nachschmeckt.

Edamer wird aus teilentrahmter, pasteurisierter Milch hergestellt. In den Niederlanden serviert man den Käse in dünnen Scheiben. Edamer ist ein traditioneller Frühstückskäse, wird aber ebensogern pur als kleine Zwischenmahlzeit oder in Salaten gegessen.

Milch	teilentrahmte Kuhmilch
Käsetyp	Schnittkäse/Halbhartkäse mit Naturrinde
Fettgehalt	40 % Fett i. Tr.
Reifezeit	6 bis 8 Wochen
Geschmack	mild
Wein	körperreicher Syrah oder Shiraz

Emmentaler

Schweizer Mittelland

Der schlicht als Schweizer Käse bezeichnete Emmentaler ist oft kopiert worden. Der Original-Emmentaler stammt aus dem Emmental im Kanton Bern, wo die Milchbauern sich seit 1293 seiner Herstellung widmen. Früher wurde der Emmentaler nur in den Bergen produziert, wo die Kühe den Sommer verbrachten, heute wird er auch in niederen Regionen hergestellt.

Der Emmentaler ist einer der größten Käse der Welt. Jedes dieser flachen Räder mit bis zu einem Meter Durchmesser wird in Handarbeit aus Rohmilch hergestellt – mehr als 1200 Liter Milch werden für jeden dieser Kolosse benötigt. Typisch für den Emmentaler ist die glatte, blaßgelbe Rinde. Der geschmeidige, elfenbeinfarbene bis gelbliche Teig ist gleichmäßig von kirsch- bis pflaumengroßen Löchern durchsetzt. Erstklassiger Emmentaler besticht durch seine herrliche Aromenvielfalt, in der florale, fruchtige und holzige Noten

Milch	Rohmilch von Kühen
Käsetyp	Hartkäse (aus gepreßtem Bruch) mit gebürsteter und geölter Naturrinde
Fettgehalt	45 % Fett i. Tr.
Reifezeit	4 bis 12 Monate
Geschmack	nußartig bis mild-pikant
Wein	körperreicher Syrah oder Shiraz

mitschwingen. Sein Geschmack ist von einer mild-pikanten, nußartigen Süße.

Emmentaler pur ist ein Genuß. Die Schweizer servieren den Käse in dünnen Scheiben, die sie von Hand mit einem Schneidedraht vom Käsestück abziehen. Gewürfelt schmeckt der Käse auch gut an Salaten mit gehackten Pilzen, Cornichons, rotem und grünem Paprika und Frühlingszwiebeln. Gereifter Emmentaler schmilzt besser und schmeckt herzhafter und kräftiger als ein jüngeres Exemplar, beide ziehen allerdings stark Fäden. Emmentaler ist ideal zum Überbacken auf Toast, für Aufläufe, Gratins, Saucen und Käsefondue.

Für die Herstellung von Emmentaler wird die Morgenmilch mit der Abendmilch vom Vorabend gemischt. Dieser Mischung fügt der Käser Lab und eine Starterkultur mit den für die Lochbildung verantwortlichen Propionsäurebakterien zu, woraufhin die Milch gerinnt. Die Gallerte wird anschließend zerteilt, bis der Bruch Körner in Erbsgröße hat. Nach dem Zerteilen wird er auf 52 °C erhitzt bzw. »gebrannt«, bis die Körner ausreichend fest oder »rösch« sind. Danach wird die Masse mit einem groben Tuch zum Abtropfen aus dem Kessel gehoben und in einem Holzreif unter die Käsepresse gebracht. Am nächsten Tag kommt der geformte Käselaib für ein bis drei Tage in ein konzentriertes Salzbad. Im Salzkeller läßt man ihn 10 bis 14 Tage trocknen und bringt ihn dann in den feuchtwarmen Gärkeller, wo sich alsbald die berühmten Löcher im Käse bilden.

Oben: *Bagel mit Schweizer Käse*

Nach zwei bis drei Monaten folgt das letzte Stadium, die Reife im kühlen Reifekeller. In dieser Zeit müssen die Käselaibe regelmäßig gewendet werden, eine Arbeit, die heute von Maschinen erledigt wird.

Nach dem Gesetz muß der Original-Emmentaler mindestens vier Monate reifen und gilt dann immer noch als junger Käse. Die Rinde des echten Schweizer Emmentalers trägt einen roten Stempel mit der Aufschrift »Switzerland«.

VARIANTEN

Emmental français grand cru: In Frankreich hat die Emmentaler-Herstellung in der Region Franche-Comté, unweit der Schweizer Grenze, eine fast genausolange Tradition wie in der Schweiz. Die Rezepturen sind für beide Käse identisch, nur daß die Laibe beim französischen Emmentaler in der Regel gewölbter sind. Der vorzügliche französische Emmentaler wird ausschließlich in Käsereien hergestellt. Man zahlt dafür oft einen höheren Preis als für den echten Schweizer Käse – schließlich sind die französischen Hersteller aufgrund der starken Nachfrage im eigenen Land nicht auf den Export angewiesen.

Allgäuer Emmentaler: Diese deutsche Emmentaler-Version, ebenfalls in Form eines Wagenrads, wird im Allgäu aus Rohmilch hergestellt und trägt den Stempel »Allgäuer Emmentaler«.

Hartkäse nach Emmentaler-Art: Bezeichnung für die Gruppe der aus pasteurisierter Milch hergestellten Hartkäse in Viereckform. Sie reifen im Schnitt zwei Monate, sind mild im Geschmack und von relativ geschmeidiger Konsistenz.

American Swiss und Australian Swiss: Nachahmungen des Schweizer Originals aus pasteurisierter Milch. Der amerikanische Schweizer Käse, z. B. der American Swiss Lace, ist in den USA ein sehr beliebter Hartkäse.

Jarlsberg: Ein mild-würziger Schnittkäse aus Norwegen, der dem Emmentaler nachempfunden ist und sich vor allem in den USA großer Beliebtheit erfreut. Der blaßgelbe Teig weist verhältnismäßig große Löcher (»Augen«) auf und hat einen leicht süßlichen Nußgeschmack. Allerdings fehlt ihm das fruchtige Aroma und der herzhafte Biß eines guten Emmertalers.

Svenbo: Eine sehr milde Emmentaler-Version aus Dänemark mit trockener, gelber Rinde und blaßgelbem Teig, der große, runde Löcher aufweist und im Geschmack leicht nußartig ist.

Oben: *Jarlsberg*

Englischer Ziegenhartkäse

England

Anfang der 80er Jahre erlebte der englische Bauernkäse einen Boom, der bis heute unvermindert anhält. Rohstoff für viele dieser Käsesorten aus bäuerlicher Produktion ist Ziegenmilch. Die Abbildung zeigt den Ticklemore.

VARIANTEN

Mendip: Dieser feste Rohmilchkäse wird in Timsbury im sogenannten West Country produziert. Die 1,36 kg schweren Laibe werden in Plastikkörben geformt, deren Geflechte eine deutliche Musterung auf der Rinde hinterlassen. Der Käse reift zwischen zwei und acht Monaten. Junge Exemplare haben einen blaßgelben, cremigen Teig mit kleiner Lochung und schmecken feinsäuerlich und angenehm fruchtig.

Ticklemore: Dieser aus Rohmilch hergestellte Hartkäse kommt aus Totnes in Devon, wo die 2,3 kg schweren, kugelförmigen Laibe in Körben geformt und anschließend acht bis zehn Wochen gereift werden. Der Ticklemore hat eine harte, trockene Naturrinde und einen weißlichen, krümeligen Teig, der zum Rand hin dunkler wird. Typisch ist seine gleichmäßige kleine Lochung. Das Aroma erinnert an gegarte Pilze, der Geschmack ist nußartig mit einem Hauch von Karamel und einem zitronigen Nachgeschmack.

Cerney Village: Ein in Gloucestershire hergestellter Hartkäse aus pasteurisierter Ziegenmilch, der gereift in den Handel kommt und einen würzig-herben, ja ausgeprägten Geschmack nach Ziege hat.

Epoisses

Nordwestfrankreich

Diese Burgunder Spezialität war der Lieblingskäse von Portos, einem der drei berühmten Musketiere, und gehört zu den zehn pikantesten Käsen Frankreichs. Manchmal wird er in Marc de Bourgogne eingelegt und zu Fromage fort weitergereift, der noch kräftiger im Geschmack ist. Der ursprungsgeschützte (AOP) Epoisses wird aus Rohmilch erzeugt und enthält mindestens 45 % Fett i. Tr.

Der in Laiben zu 250 bis 300 g bzw. zu 700 bis 1100 g produzierte Käse hat eine glatte oder leicht geriffelte, orangerote Rinde und einen cremig-weichen zerfließenden Teig. In Aroma und Geschmack ist der Käse sehr markant und kräftig mit einem Hauch von Ammoniak. Der Teig selbst riecht wesentlich milder, aber immer noch recht stechend.

Wegen seines kräftigen Geschmacks ist dieser Käse für die warme Küche weniger geeignet. Am besten serviert man ihn beim

Milch	Kuhmilch
Käsetyp	Weichkäse (Rotschmierekäse)
Fettgehalt	45 % Fett i. Tr.
Reifezeit	6 bis 8 Wochen
Geschmack	kräftig und sehr pikant
Wein	alter roter Burgunder

Oben: *Eine nicht alltägliche französische Käseplatte* *(s. auch S. 44)*

Käsegang mit einer Auswahl anderer französischer Käsesorten, beispielsweise mit Bleu d'Auvergne, Valençay, Explorateur, Tomme de Savoie und Banon. Wer den markanten Geschmack bestmöglich genießen will, ißt den Epoisses zu frischem Baguette oder einfachen Kräckern.

Beim Einkauf ist darauf zu achten, daß der Käse die Spanholzschachtel komplett ausfüllt, da geschrumpfter Käse bereits überreif ist. Nach dem Anschnitt sollte der Epoisses möglichst rasch verzehrt werden, weil er sich für eine längere Lagerung – auch im Kühlschrank – nicht gut eignet, schon allein weil sein durchdringender Geruch leicht auf andere Lebensmittel übergeht.

Oben: *Ein frischer Epoisses sollte die Schachtel komplett ausfüllen.*

Esrom

Dänemark

Der in den 30er Jahren von den Dänen entwickelte Käse wurde aufgrund seiner Ähnlichkeit mit dem Port Salut eine ganze Weile als dänischer Port Salut bezeichnet. Dabei ist er weitaus interessanter als sein französischer Namensvetter. In den 50er Jahren wurde der Käse dann in Esrom umbenannt – nach dem von Mönchen des Klosters Esrom im nördlichen Seeland hergestellten, sehr aromatischen Käse, der lange Zeit in Vergessenheit geraten war.

Der Esrom wird in rechteckigen, flachen und bis zu 1,4 kg schweren Laiben hergestellt und ist meist in Folie gewickelt. Der gelbliche Teig ist geschmeidig und zeigt unregelmäßige, reiskorngroße Löcher. Sein aromatischer Geschmack bleibt lange am Gaumen haften. Der Exportkäse ist noch würziger und besser im Geschmack, weil er weiter gereift ist.

Milch	Kuhmilch
Käsetyp	halbfester Schnittkäse
Fettgehalt	45 und 60 % Fett i. Tr.
Reifezeit	10 bis 12 Wochen
Geschmack	mild bis aromatisch
Wein	Valpolicella

Dieser Käse paßt gut zur Käseplatte oder zum Käsebuffet. Machen Sie es wie die Dänen und genießen Sie den Esrom, in Scheiben geschnitten, zum Frühstück oder als Sandwich-Belag, garniert mit Orangenspalten und rohen Zwiebelringen oder auch als Hamburger-Belag. Luftdicht verpackt und kühl gelagert, hält sich der Esrom über Wochen.

Explorateur

Mittelfrankreich

Dieser besonders feine, hochfette Weichkäse wurde 1958 entwickelt. Namenspate ist der erste amerikanische Satellit, Explorer, der zu jener Zeit die Erde umkreiste. Zudem wurde für die Verpackung das Bild einer Rakete gewählt, das sie noch heute ziert.

Der Explorateur war einer der ersten Käse, die nach den Richtlinien der Triple-crème-Klassifikation mit einem Fettgehalt von mindestens 75 % i. Tr. produziert wurden.

Der Käse wird in kleinen Zylindern von etwa 270 g hergestellt und ist von einem dichten weißen Schimmelrasen überzogen. Sein elfenbeinfarbener Teig ist sehr weich und cremig. Er schmeckt sahnig-mild und mit zunehmender Reife etwas kräftiger.

Reichen Sie diesen Käse mit frischem Obst zum Nachtisch. Für den kleinen Hunger zwischendurch streicht man ihn auf knuspriges Baguette. Nicht minder köstlich schmeckt er in gehaltvollen Saucen.

Milch	pasteurisierte Kuhmilch und Rahm
Käsetyp	Weichkäse mit Weißschimmel
Fettgehalt	75 % Fett i. Tr.
Reifezeit	2 Wochen
Geschmack	mild
Wein	trockener Sekt

Feta

Griechenland

Feta erfreut sich in Griechenland so großer Beliebtheit, daß ihn die Griechen sogar aus anderen Erzeugerländern importieren. Griechischer Feta wurde traditionell aus Schafmilch, manchmal auch aus einer Mischung von Schaf- und Ziegenmilch hergestellt und lange in einer Salzlake eingelegt.

Heute wird auch Kuhmilch für die Feta-Herstellung verwendet. In griechischen Lebensmittelläden wird der zu großen Blöcken gepreßte Feta stückweise – in *fetes* – verkauft, daher stammt auch sein Name. Er hat keine Rinde, ist reinweiß und kompakt, aber leicht bröckelig. Er riecht milchsäuerlich und zergeht angenehm auf der Zunge. Der Geschmack ist pikant-salzig.

Kaufen Sie keinen Feta, der zu lange in der Lake gelegen hat. Er hat meist wenig Geschmack, ist hart und läßt sich nur schwer zerkrümeln. Auch portionsweise eingeschweißter Feta zeigt häufig diese Makel, deshalb empfiehlt es sich, Feta lose zu kaufen und seine Konsistenz vor Ort zu prüfen.

In Griechenland ißt man Feta praktisch zu jeder Tageszeit: morgens zum Frühstück, mittags mit Tomaten und Oliven oder auch pur zwischendurch. Feta kann man auch gut über Salate krümeln, mit

Milch	Schaf-, Ziegen-, Kuhmilch
Käsetyp	Lakekäse
Fettgehalt	40 bis 50 % Fett i. Tr.
Reifezeit	1 bis 3 Wochen
Geschmack	pikant-salzig
Wein	Ouzo

Spinat oder Pilzen in die blätterteigähnlichen Filoteig-Taschen füllen oder aber, in Scheiben geschnitten und paniert, fritieren. Wem der Käse zu salzig ist, der legt ihn einfach eine Weile in Milch ein, bevor er ihn ißt oder weiterverarbeitet. Zur Aufbewahrung gibt man Feta mit ein wenig Lake in ein gut schließendes Plastikgefäß; dann hält er sich wochenlang.

Rechts: *Feta – ob gewürfelt oder zerkrümelt – schmeckt ausgezeichnet an Salaten.*

VARIANTEN

Dänischer Feta oder fetaartige Käse: Diese meist aus pasteurisierter Kuhmilch hergestellten Käse weichen vom griechischen Original oft stark ab.

English Farmhouse Feta: In England gibt es eine Reihe von Kleinproduzenten, die einen ausgezeichneten Feta aus Schafrohmilch erzeugen.

Timboon Gourmet Feta: Dieser vorzügliche australische Bio-Feta stammt von einer kleinen Molkerei in Victoria.

REZEPT

Gegrillter Feta mit Oliven

Servieren Sie diesen Snack mit einem Gläschen Ouzo, und Sie werden auf der Stelle nach Griechenland »entführt«. Ein längs aufgeschnittenes und einseitig getoastetes Pitta-Brot großzügig mit zerkrümeltem Feta belegen. Den Käse mit griechischem extra nativem Olivenöl beträufeln und einige Minuten unter den nicht zu heißen Grill schieben. Die überbackenen Brothälften auf Serviertellern anrichten und mit etwas warmem Olivenöl und Zitronensaft beträufeln. Mit schwarzen Oliven und frischem Oregano garnieren und sofort servieren.

Fontina

Norditalien

Echter Fontina wird ausschließlich im Aoastatal in den italienischen Alpen, unweit des Montblanc und der französisch-italienischen Grenze, hergestellt. Im Sommer entsteht der Käse in den Bergen, im Winter in den Käsereien im Tal.

Die Räder wiegen je nach Größe zwischen 8 und 18 kg und haben eine dünne, ölige, hellbraune Rinde. Der blaßgelbe Teig, der nur wenige kleine Löcher aufweist, ist elastisch-weich und bei jungem Käse fast streichfähig. Mit zunehmender Reife dunkelt er nach und wird trockener. Junger Fontina hat ein feines Milcharoma und duftet nach würzigen Almweiden. Älterer Käse entwickelt ein erdiges, aber fruchtiges Aroma und einen angenehm nußartigen Geschmack.

Den beliebten Tafelkäse serviert man mit Stangensellerie oder Trauben oder legt ihn zwischen getoastete Sandwich-Scheiben. Fontina eignet sich aber auch ausgezeichnet zum Kochen, insbesondere für Saucen, da er sehr leicht schmilzt und gut verläuft. Fonduta, die Fondue-Variante aus dem Piemont, wird auf der Grundlage von Fontina mit Butter, Eigelb, Milch und weißen Trüffeln zubereitet.

Rechts: *Spinat-Lasagne mit Fontina-Käsesauce*

VARIANTEN

Fontinella, Fontella, Fontal: Handelsnamen für Käse nach Art des Fontina, die aus pasteurisierter Kuhmilch hergestellt werden. Sie schmekken angenehm, sind aber mit dem echten Fontina nicht zu vergleichen.
Dänischer Fontal: Rot gewachster Käse aus pasteurisierter Kuhmilch. Dieser milde Tafelkäse reicht an das Original nicht heran.
Roth Kase Fontina: Er stammt aus einer US-amerikanischen Käserei in Wisconsin, die dank einer besonders schonenden Wärmebehandlung der Milch einen recht schmackhaften Käse produziert.

REZEPT

Nudelauflauf »Val d'Aosta«

Einige Knoblauchzehen mit 2 feingehackten Zwiebeln anbraten. 2 kleingeschnittene Auberginen, 1 gehackte Fenchelknolle und 2 Eßlöffel Tomatenpüree zugeben. Mit 180 ml Brühe etwa 10 Minuten köcheln lassen, bis die Auberginen weich werden. 250 g Nudeln (z. B. Fusilli) 3 bis 4 Minuten in Salzwasser kochen. Eine kleine Backform mit Alufolie auslegen und am Rand soviel überstehen lassen, daß die Form später damit abgedeckt werden kann. Die Nudeln in die Form geben, die Auberginenmischung darüber gießen und 4 gehackte Tomaten sowie 225 g geriebenen Fontina darauf verteilen. Mit Salz und Pfeffer würzen. Mit der Folie locker abdecken. Etwa 15 Minuten bei 190 °C im Ofen überbacken.

Milch	Rohmilch von Kühen
Käsetyp	Schnittkäse/Halbhartkäse mit gebürsteter Rinde
Fettgehalt	45 % Fett i. Tr.
Reifezeit	4 Monate
Geschmack	mild
Wein	Barbaresco oder Valpolicella recioto

Fourme d'Ambert

Mittelfrankreich

Dieser französische Edelpilzkäse aus der Auvergne wurde bereits im 9. Jahrhundert hergestellt. Heute wird er allerdings überwiegend aus pasteurisierter Milch erzeugt.

Der Käse ist zu etwa 20 cm hohen Zylindern von 10 bis 13 cm Durchmesser geformt. Unter seiner graubraunen Rinde verbirgt sich ein fester, elfenbeinfarbener Teig, der von blaugrünem Schimmel durchsetzt ist. Sein Aroma erinnert an geröstete Nüsse, sein Geschmack ist ausgeprägt fruchtig. Fourme d'Ambert ißt man mit knakkigen Äpfeln oder saftigen Birnen. Ein idealer Begleiter ist Portwein.

VARIANTEN

Fourme de Montbrison, Fourme de Forez und Fourme de Pierre-sur-Haute: sehr ähnliche Käse aus umliegenden Ortschaften

Milch	pasteurisierte Kuhmilch
Käsetyp	halbfester Blauschimmelkäse mit Naturrinde
Fettgehalt	mindestens 50 % Fett i. Tr.
Reifezeit	4 bis 5 Monate
Geschmack	sehr ausgeprägt, kräftig
Wein	Côtes du Rhône

Gaperon

Mittelfrankreich

Diese deftige Käsespezialität stammt aus der Auvergne. Der kräftig aromatische Geschmack kommt teils vom Käse, teils vom Knoblauch, der neben Pfefferkörnern als Würze zugesetzt wird. Früher hängte man die halbkugelförmigen Käselaibe in Tüchern zum Reifen unter den Dachsparren oder ins Küchenfenster.

Der etwa 350 g schwere Gaperon ist von einer weißen Schimmelrinde umgeben, die mit zunehmender Reife gelblich wird. Typisch sind das Etikett auf der Oberseite des Käses und das Bastband, mit dem er umwickelt ist. Der anfangs noch etwas zähe, kalkweiße Teig wird mit der Zeit elfenbeinfarben und schön geschmeidig. Durch die Zutaten ist der Käse in Aroma und Geschmack sehr ausgeprägt.

Gaperon schmeckt gut zu Bauernbrot. Für eine Käseplatte ist er nicht geeignet, da er neben milderen Käsesorten zu dominant ist.

Milch	teilentrahmte Kuhmilch
Käsetyp	halbfester Schnittkäse mit Schimmelrinde
Fettgehalt	30 bis 50 % Fett i. Tr.
Reifezeit	2 bis 3 Wochen
Geschmack	kräftig aromatisch
Getränk	Wodka

Gjetost

Norwegen

Beim traditionellen norwegischen Frühstück darf dieser rötlichbraune, süßlich schmeckende Käse nicht fehlen. Für dieses Erzeugnis wird Molke ganz langsam eingekocht, bis das Wasser verdampft ist und der Milchzucker kristallisiert und teilweise karamelisiert. In diesem Herstellungsstadium kann durch den Zusatz von Milch oder Sahne der Fettgehalt des Endprodukts entsprechend verändert werden.

Der quadratische Käse ohne Rinde kommt direkt nach der Herstellung auf den Markt. Im Geschmack ist er unverkennbar karamelartig-süßlich. In Norwegen ißt man ihn mit Grapefruit auf Roggen- oder Knäckebrot oder zu gehaltvollem Früchtekuchen.

Milch	Kuh- und Ziegenmilchmolke
Käsetyp	Molkenkäse
Fettgehalt	variabel
Reifezeit	keine
Geschmack	süßlich
Wein	Madeira

VARIANTE

Ekte Gjetost: Ein Käse, der aus der Molke von Ziegenmilch und zugesetzter Sahne besteht.

Gloucester

England

Bei der Umstellung von der bäuerlichen zur fabrikmäßigen Produktion ereilte den Gloucester ein ähnliches Schicksal wie den Cheddar. Die Qualität sank, und der Unterschied zwischen Single und Double Gloucester verwischte immer mehr.

Der Single Gloucester war einst ein Rohmilchkäse, erzeugt aus der Morgenmilch und der entrahmten Abendmilch vom Vortag. Der fertige Käse hatte eine feste, aber geschmeidige Konsistenz und brauchte nur kurze Zeit zu reifen. Heute wird der Single Gloucester aus der entrahmten Milch von ein oder zwei Melkgängen hergestellt. Die Laibe sind etwa halb so groß wie die vom Double Gloucester. Der Smart's Farmhouse Single Gloucester reift ein bis drei Monate, hat eine dünne, weißlichgelbe Rinde und einen festen, elfenbeinfarbenen Teig von krümeliger Struktur. Sein feiner, nußartiger Geschmack mit dem fruchtigen Aroma erinnert an Karamel.

Milch	Kuhmilch
Käsetyp	Hartkäse mit umtuchter oder gewachster Rinde
Fettgehalt	48 % Fett i. Tr.
Reifezeit	6 bis 9 Monate
Geschmack	Single: mild-würzig; Double: angenehm fruchtig
Wein	Rosso conero oder Zinfandel

Der Double Gloucester wird aus der morgens und abends ermolkenen Vollmilch erzeugt. Beim traditionellen Herstellungsprozeß erfolgt das Dicklegen noch vor dem Abkühlen der Milch. Die Bruchmasse wird zerschnitten und gepreßt und der Käse dann vier bis acht Monate gereift. Heute kommt zwar überwiegend pasteurisierte Milch zum Einsatz, doch gibt es auch Hersteller, die Rohmilch verarbeiten. Bauernkäse wird in großen, flachen und bandagierten Zylindern hergestellt. Der schöne Orangeton des Teiges ist nicht ganz so kräftig wie der von anderen mit Annatto eingefärbten Käsen. In seiner Konsistenz ist er cremiger und nicht so spröde wie der Single Gloucester. Er hat ein leichtes Karottenaroma und schmeckt angenehm fruchtig und leicht säuerlich.

Servieren Sie diesen Käse als Snack mit Salat oder Früchten oder als Käse-Imbiß mit eingelegten Walnüssen und einem Gelee von roten Johannisbeeren. Die Engländer kennen eine Zubereitung, für die man den Käse in kochendem Ale schmilzt, diese Mischung mit Eigelb und Senfpulver bindet und dann über heißen Toast gießt.

Fabrikmäßig hergestellter Gloucester-Käse ist entweder gewachst oder in Folie eingeschweißt und der Teig meist mit Annatto eingefärbt. Häufig handelt es sich um Kompositionen mit anderen Käsesorten oder würzenden Zutaten wie Zwiebeln und Schnittlauch (z. B. Abbeydale und Cotswold), mit Stilton geschichtet (z. B. Huntsman) oder mit süßen Pickles angereichert (Sherwood).

REZEPT

Smart's Cottage Pie

Reste vom Rinderbraten mit etwas Zwiebel und roter Paprika durch den Fleischwolf drehen oder feinhacken. Die Mischung mit frisch zubereiteter oder übriggebliebener Bratensauce binden, mit Kräutern, Salz und frisch gemahlenem schwarzem Pfeffer abschmecken und dann in eine feuerfeste Form füllen und glattstreichen. Für den Belag Kartoffeln kochen. Schälen und noch heiß durch die Kartoffelpresse drücken, mit heißer Milch und Butter mischen und gut durchrühren. Das Kartoffelpüree über das Fleisch geben. Großzügig mit geriebenem Double Gloucester bestreuen und bei 200 °C im Ofen überbacken, bis sich eine schöne Kruste gebildet hat.

Gorgonzola

Norditalien

Bis Anfang des 20. Jahrhunderts hieß dieser berühmte Käse aus der Lombardei einfach nur Stracchino oder Stracchino verde und wurde aus der Milch von Kühen nach dem Almabtrieb hergestellt.

Doch die zunehmende Popularität des Käses erforderte einen spezielleren Namen. Die Wahl fiel auf Gorgonzola, eine der zahlreichen Ortschaften, in denen dieser Käse erzeugt wurde. Heute genießt der Gorgonzola, der in großen Käsereien im ganzen Nordosten des Landes produziert wird, Ursprungsschutz.

Gorgonzola wird in großen zylindrischen Laiben mit einem Gewicht von 6 bis 13 kg hergestellt. Charakteristisch ist die dicke rötliche, stellenweise von grauen Schimmelflecken durchsetzte Rinde und der weiße bis strohgelbe Teig, der von grünblauen Schimmeladern durchzogen ist. Er ist von weicher, fast streichfähiger Konsistenz.

Milch	Kuhmilch
Käsetyp	halbfester Blauschimmelkäse
Fettgehalt	48 % Fett i. Tr.
Reifezeit	3 bis 6 Monate
Geschmack	würzig bis kräftig
Wein	Barolo oder Valpolicella recioto

Der würzig-pikante Käse besitzt eine dezent süße Note und zergeht auf der Zunge. Im Aroma ist er meist kräftiger als im Geschmack, und die leicht alkoholische Säure stammt von der gewaschenen Rinde. Sauer oder bitter riechenden Käse oder solchen mit beginnender bräunlicher Verfärbung sollte man nicht mehr kaufen.

Servieren Sie Gorgonzola als Imbiß mit italienischem Brot, schwarzen Oliven und Radicchio, oder krümeln Sie den Käse über gemischte Salate mit Walnüssen. Gorgonzola pur, nur mit Kräckern als Beigabe, ergibt ebenfalls einen köstlichen Käsegang. In Mailand nimmt man den Käse als Füllung für frische Birnen oder gibt ihn mit Salbei und Knoblauch an gewürzte Pastasaucen. Er paßt auch gut zu Suppen, Ofenkartoffeln und Gemüsesaucen. In Kombination mit Spinat ist er köstlich als Pfannkuchenfüllung.

Unten: *Gorgonzola harmoniert gut mit dem erdigen Champignon-Geschmack.*

VARIANTEN

Dolcelatte: Handelsname für einen milden Gorgonzola-Typ, der von der in Pavia ansässigen Firma Galbani aus der dickgelegten Milch eines Melkgangs hergestellt wird und bereits sehr jung zum Verkauf kommt. Der Käse hat einen leichten Oberflächenschimmel und ist meist in Folie eingeschlagen. Der glatte, cremige Teig ist ungleichmäßig von blaugrünen Schimmeladern durchzogen. Im Geschmack ist er sahniger und milder als Gorgonzola.
Gondola: die dänische Version von Gorgonzola
Torta San Gaudenzio: einer von diversen Handelsnamen für geschichtete Torten aus Mascarpone mit eingelegten Gorgonzola-Schichten
Amerikanischer Gorgonzola: Die meisten US-amerikanischen Gorgonzola-Erzeugnisse sind krümeliger als das italienische Original, im Geschmack scharf und pfeffrig, jedoch nicht sehr komplex. Eine Ausnahme bildet der mildere, von der BelGioioso Cheese Inc. in Denmark, Wisconsin, hergestellte Käse, der mehr in Richtung Dolcelatte geht.

Früher wurde bei der Herstellung von Gorgonzola der Abendmilch Lab zugesetzt und der Käsebruch dann bis zum nächsten Morgen in Tüchern aufgehängt. Am folgenden Tag wurde er dann mit dem aus der Morgenmilch bereiteten Bruch in eine Form geschichtet. Diesen Gorgonzola »due paste« (»zwei Teige«) findet man heute nur selten, da er mindestens ein Jahr reifen muß. Der Käse mit dem kräftig pikanten Geschmack wird von Kennern hoch geschätzt.

Fabrikmäßig hergestellter Gorgonzola wird als »una pasta« (»ein Teig«) bezeichnet und ist eine Mischung aus der dickgelegten Morgenmilch und der Abendmilch vom Vortag. Dem Käsebruch wird der Schimmelstamm *Penicillium gorgonzola* beigegeben. Um das Schimmelwachstum zu fördern, werden später lange Kupfer- oder Edelstahlnadeln in den Käseteig gebohrt. Während der Reifung, die bei Fabrikkäse nur die Hälfte der Zeit erfordert, werden die Käselaibe dann regelmäßig mit Salzwasser abgewaschen. Junger milder Gorgonzola kommt als »dolce« in den Handel, gereifter würziger Käse als »piccante«. Die namhaftesten Hersteller gehören dem Verband der Gorgonzola-Produzenten an. Ihre Produkte sind leicht an den Initialen CG zu erkennen, dem Kennzeichen des Verbandes.

Gouda

Niederlande

Dieser in Zuid-Holland und Utrecht seit dem 16. Jahrhundert bekannte Käse wird heute überwiegend in Fabriken hergestellt, doch auch aus bäuerlicher Produktion ist er noch erhältlich. Gouda wird in verschiedenen Größen und in unterschiedlichen Reifestufen – jung, mittelalt und alt – angeboten.

Der in Radform, aber auch in Blockform hergestellte Käse hat eine dünne, gelbe Rinde, die meist von einer gelben Wachsschicht überzogen ist. Bei jungem Gouda ist der Käseteig hellgelb, geschmeidig und von kleinen oder vereinzelten größeren Löchern durchsetzt. Fabrikkäse ist meist weich und schmeckt leicht nußartig und äußerst mild.

Mit zunehmender Reife wird die Rinde dicker und der Käseteig fester. Durchgereifter Bauern-Gouda hat ein kräftig pikantes Aroma mit einer angenehm fruchtigen Note und einem milden Nachgeschmack. Nach mehr als zwei Jahren Reifezeit hat der Käse einen fast karamelartig-sahnigen Geschmack.

Reifer Gouda schmeckt gut zu Brot und Pickles. Auch auf dem Käsebuffet sollte er nicht fehlen. Scheiben von jungem bis mittelaltem Gouda kann man zwischen getoastete Brotscheiben, auf Hamburger oder Ofenkartoffeln legen. Alter Gouda wird geraspelt und für eine holländische Käsesuppe oder zum Überbacken verwendet.

Fabrik-Gouda wird aus pasteurisierter Milch hergestellt und mit Wachs überzogen. Die Farbe der Wachshülle läßt mitunter auf die geschmacksgebenden Zusätze im Käseteig schließen: Grün steht z. B. für Kräuter und Orange für Kreuzkümmel.

VARIANTEN

Boerenkase: Gouda aus Rohmilch, der in runden, großen Laiben in landwirtschaftlichen Betrieben hergestellt wird. Er hat eine goldgelbe Rinde und ist weder gewachst noch foliengereift.
Kernhem: Halbfester Schnittkäse mit sahnig-nußartigem Geschmack; angeblich das Zufallsprodukt einer mißlungenen Partie Roomkaas (Gouda mit Rahmzusatz). Der fette Käse ist viel cremiger als Gouda.
Coolea: Dieser goudaähnliche Käse aus dem Südwesten Irlands verdankt seinen Namen dem Bergland Coolea. Der aus Rohmilch erzeugte und sechs bis acht Wochen, zuweilen auch länger gereifte Käse enthält als würzende Zutaten manchmal Brennesseln, Kräuter oder Knoblauch. Durchgereifte Exemplare schmecken angenehm pikant.
Penbryn: ein aus Biomilch erzeugter walisischer Käse vom Gouda-Typ
Teifi: Im walisischen Deyfed erzeugt der in den Niederlanden ausgebildete Käser Patrice Savage-Ontswedder einen sehr schmackhaften goudaähnlichen Käse mit floralen Aromen. Dieser wird in zwölf verschiedenen Versionen angeboten, unter anderem mit Knoblauch, Kreuzkümmel, Brennesseln und auch Algen.
Amerikanischer Gouda: Der wie der Edamer meist von einer roten Wachsschicht umhüllte Käse ist geschmacklich zumeist eher fade und uninteressant. Rühmliche Ausnahmen kommen aus dem kalifornischen Oakdale und Winchendon im US-Bundesstaat Massachusetts.
Wieninger's Goat Cheese: Dieser junge goudaähnliche Käse aus Ziegenrohmilch wird in den nördlichen Catskill Mountains im US-Bundesstaat New York hergestellt. Er ist viel fester als Kuhmilch-Gouda und aromatisch-herb im Geschmack.

Milch	Kuhmilch
Käsetyp	Schnittkäse/Halbhartkäse mit Naturrinde
Fettgehalt	48 % Fett i. Tr.
Reifezeit	1 Monat bis 2 Jahre
Geschmack	mild bis pikant-würzig
Wein	körperreicher Syrah oder Shiraz

Grana padano

Norditalien

Grana ist der Oberbegriff für alle italienischen Extrahartkäse mit einer feinkörnigen Struktur. Sie werden aus teilentrahmter Milch hergestellt und stammen ursprünglich aus der Po-Ebene. Zwar wird der Grana padano in der gesamten Region erzeugt, dennoch ist er nicht so bekannt wie der Parmesan-Käse.

Die großen zylindrischen Laibe mit einem Gewicht von 24 bis 40 kg haben eine dünne, goldfarbene Rinde. Der Teig hat eine feinkörnige, blättrige Struktur mit wenigen Löchern. Junger Grana läßt sich noch gut schneiden, mit zunehmendem Alter wird der Teig aber immer brüchiger, und die tiefgelbe Farbe dunkelt noch nach. Der Käse ist zartschmelzend, würzig und mit zunehmender Reife immer kräftiger.

Grana wird vor allem als Würze verwendet. In Italien gibt es kaum eine Vorspeise, über die er nicht gestreut wird. Da er so gut schmilzt, ist er ideal zum Kochen. Er kann wie Parmesan verwendet werden.

Milch	Kuhmilch
Käsetyp	Extrahartkäse (aus gebranntem Bruch)
Fettgehalt	32 % Fett i. Tr.
Reifezeit	mind. 12 Monate
Geschmack	würzig bis kräftig
Wein	Vino nobile di Montepulciano

Greyerzer

Schweiz

Fest steht, daß der Greyerzer aus der Schweiz kommt, aber auch in Frankreich ist er so weit verbreitet, daß den Franzosen vergeben sei, wenn sie ihn für sich reklamieren. Tatsächlich werden inzwischen große Mengen Greyerzer – oder Gruyère, wie die Franzosen sagen – in Frankreich erzeugt, doch der echte ist leicht an dem Schriftzug »Switzerland« auf der Rinde zu erkennen.

Der aus Rohmilch erzeugte Greyerzer Switzerland wird in der Westschweiz rund um das Städtchen Greyerz im Kanton Fribourg hergestellt. Es handelt sich um große, runde Käselaibe mit einer etwas feuchten, später feinkörnig trockenen Schmiere auf der Rinde.

Der Käseteig ist fest, aber etwas geschmeidiger als beim Emmentaler und zergeht auf der Zunge. Der zartgelbe, später gräulichgelbe Teig weist eine sparsame, erbsgroße Lochung auf und wird mit zunehmendem Alter immer härter. Der Käse riecht kräftig würzig

Milch	Rohmilch von Kühen
Käsetyp	Hartkäse aus gebranntem und gepreßtem Bruch
Fettgehalt	mindestens 45 % Fett i. Tr
Reifezeit	6 bis 10 Monate
Geschmack	markant würzig
Wein	roter Bordeaux (Claret)

»nach Bauernhof«, vermischt mit Honig- und Nußnoten. Im Geschmack ist er markant-würzig und herzhaft-pikant, ein wenig herb.

Auch wenn der Greyerzer selten pur oder mit einer Käse-Auswahl als separater Gang serviert wird, hat er viel Genuß zu bieten: etwa in der Kombination mit Kräckern und frischen Feigen oder Trauben, oder aber mit Tomaten und Zwiebeln als Sandwich-Belag. Geschmolzen auf Toast, schmeckt er vorzüglich zu Fischsuppe. Versuchen Sie auch einmal die Zusammenstellung mit Räucherschinken, Tomatenscheiben oder mit Bananenscheiben. Greyerzer ist dank seiner guten Schmelzeigenschaften ideal für die warme Küche, ob für die Zubereitung von Sauce Mornay, Cordon bleu oder des Brandteiggebäcks Gougère. Aufgestreut und überbacken, bildet der Käse eine gleichmäßige Kruste und, vermischt mit Semmelbröseln, kann man ihn auch als Panade für Gemüsestückchen oder kleine Fische

Unten: *Das klassische Neuenburger Fondue*

VARIANTEN

Fribourg: Ein Greyerzer-Käse, der mindestens zwei Jahre reift und somit härter in der Konsistenz und pikanter im Geschmack ist.
Roth Kase: Die in Monroe (Wisconsin) ansässige Käserei produziert einen greyerzerähnlichen Käse aus Milch, die besonders schonend pasteurisiert wird und somit kaum an Geschmack einbüßt.
Heidi Farm Cheese: Der tasmanische (Australien) Produzent Heidi Farm Cheese hat sich auf Käse nach Schweizer Art spezialisiert.

REZEPT

Klassisches Neuenburger Fondue

Das Fonduegefäß mit einer Knoblauchzehe ausreiben. Je 400 g Greyerzer und Emmentaler in das Gefäß reiben oder grob raffeln und 4 Teelöffel Speisestärke unterrühren. 350 ml Weißwein, 1 Teelöffel Zitronensaft und ein Gläschen Kirschwasser zugießen. Diese Mischung unter ständigem Rühren langsam erhitzen; darauf achten, daß die Käsemasse nicht am Boden ansetzt. Sobald der Käse aufgelöst ist, mit schwarzem Pfeffer und Muskatnuß abschmecken. Das Käsefondue auf ein Rechaud setzen und mit gerösteten Weißbrotwürfeln servieren. Anstelle der Brotstückchen geschnittenes Gemüse in das heiße Fondue tunken.

verwenden. In der Schweiz wird er auch gern als Füllung für pikante Käsekuchen oder Tortelettes aus Mürbeteig genommen.

Gut verpackt bleibt der Greyerzer, der mit feinen Rissen in Randnähe am besten ist, lange frisch. Am besten wird er kühl aufbewahrt, eingeschlagen in ein mit Salzwasser befeuchtetes Tuch oder aber in Alufolie gewickelt.

Greyerzer wird im Prinzip genauso wie Emmentaler hergestellt, jedoch wird der Käsebruch nicht so fein zerteilt und stärker erwärmt. Anschließend wird der Greyerzer stärker und länger gepreßt und bei höheren Temperaturen gereift. Im Gegensatz zum Emmentaler wird der Greyerzer, während er reift, immer wieder mit Salzwasser abgerieben. Dadurch entsteht auf der Rinde eine Schmierschicht, die die Reifung beschleunigt.

Gubbeen

Südirland

Bei diesem Käse haben sich die Käsemacher dafür entschieden, nur mit pasteurisierter Milch zu arbeiten, doch das Ergebnis kann sich sehen lassen. Giana Fergusson erzeugte ihn 1980 erstmals aus der Milch, die die Kuhherde ihres Mannes in Schull im County Cork lieferte.

Der in kleinen runden Laiben produzierte Käse hat eine gelblich-ockerfarbene Rinde, die ein kräftiges Aroma entwickelt. Während der Reifung werden die Laibe bis drei Wochen vor Verkauf täglich mit Salzwasser abgewaschen.

Milch	pasteurisierte Kuhmilch
Käsetyp	Weichkäse
Fettgehalt	40 % Fett i. Tr.
Reifezeit	3 bis 12 Wochen
Geschmack	mild bis würzig
Wein	roter Burgunder, Pinot noir

Laut Mrs. Fergusson schmeckt der Käse am besten, wenn er fünf bis sechs Wochen alt ist und der Teig anfängt zu zerlaufen. In diesem Reifestadium hat der Gubbeen ein nußartiges, buttriges Aroma mit einer dezent säuerlichen Note. Er schmeckt frisch und zart nach Nüssen, Zitronen und ein wenig »nach Bauernhof«. Hinzu kommt ein angenehm säuerlicher Nachgeschmack. Mrs. Fergussons Serviervorschlag: Den Käse, mit Butterflöckchen vermischt, auf Pumpernickel streichen, Pinienkerne darüberstreuen und unter den heißen Grill schieben, bis die Kerne gebräunt sind.

Halloumi

Zypern

Dieser Käse wird häufig gegrillt in zypriotischen, griechischen oder libanesischen Vorspeisen verzehrt. Bei Hitzeeinwirkung schmilzt Halloumi nicht, sondern wird einfach nur hart. Der ursprünglich zypriotische Lakekäse hat inzwischen zahlreiche Nachahmer im östlichen Mittelmeerraum gefunden. Er kann praktisch aus allen Milcharten erzeugt werden.

Wie Feta wird auch Halloumi in Blockform hergestellt und in eine Salzlösung eingelegt. Der rindenlose Käse ist in seiner Teigstruktur eher elastisch und härtet mit fortschreitender Reife aus. Er schmeckt milchig und ist nicht so pikant-salzig wie Feta. Auf Zypern wird der gebrühte Käse mit Minze verknetet und in Blöcke geschnitten.

Servieren Sie Halloumi entweder mit Olivenöl und Kräutern oder – wie in Zypern – ohne Fett gebraten und auf Salat angerichtet.

Milch	Schaf-, Ziegen- und Kuhmilch
Käsetyp	fester, aber frischer Lakekäse
Fettgehalt	40 % Fett i. Tr.
Reifezeit	einige Tage
Geschmack	mild und salzig
Wein	leichter Rotwein nach Art des Beaujolais

Havarti

Dänemark

Dieser Käse ist nach einem Gut auf der dänischen Insel Seeland benannt, das der unternehmungslustigen Käsemeisterin Hanne Nielsen gehörte. Heute wird der Käse fabrikmäßig erzeugt.

Der cremige Teig ist von unzähligen winzigen Löchern durchsetzt. Junger Havarti schmeckt sehr mild, im Alter jedoch kräftig aromatisch. Pikante Varianten sind mit Dill oder Kümmel gewürzt.

Man ißt ihn, in dünne Scheiben geschnitten, zum Frühstück oder legt ihn mit Gurken und frischem Dill, Dattelmus oder Mango-Chutney zwischen Brotscheiben.

VARIANTE

Top Paddock: havartiähnlicher Bauernkäse, hergestellt von Fred Leppin, Käsemeister bei Top Paddock Cheeses im australischen Victoria

Milch	pasteurisierte Kuhmilch
Käsetyp	ungepreßter Schnittkäse/Halbhartkäse
Fettgehalt	50 % Fett i. Tr.
Reifezeit	3 bis 4 Wochen
Geschmack	je nach Alter sehr mild bis pikant
Wein	Vin de Pays oder Beaujolais

Idiazabal

Nordspanien

Der ursprünglich in den Pyrenäen, oberhalb von Pamplona erzeugte kräftige Hartkäse aus Schafmilch wird zum Teil zusätzlich geräuchert. Hergestellt wird der Rohmilchkäse im gesamten Baskenland, sowohl in großen Käsereien als auch auf Bauernhöfen.

Den flachen, zylindrischen Idiazabal gibt es in verschiedenen Größen. Unter seiner blaßgelben, recht harten Rinde verbirgt sich ein cremefarbener, kompakter Teig mit sparsamer Lochung. Geräucherte Laibe haben eine goldbraune Rinde und sind innen gelblich.

Ungeräuchert schmeckt der Käse pikant mit einer dezent säuerlichen Note. Geräuchert hat er einen feinen Karamelgeschmack, der von einem würzigen, sehr kräftigen Aroma überlagert wird. Diese fast scharfe Note bleibt eine Weile am Gaumen haften.

Servieren Sie ihn mit Chorizos oder Serrano-Schinken und kräftigem Brot. Sehr gut schmeckt der Idiazabal auch mit rohem Gemüse.

Milch	Rohmilch von Schafen
Käsetyp	Hartkäse mit Naturrinde, mitunter geräuchert
Fettgehalt	45 bis 53 % Fett i. Tr.
Reifezeit	2 bis 4 Monate
Geschmack	kräftig, leicht pikant
Wein	ungeräuchert: roter Rioja oder Navarra; geräuchert: weißer Rioja (Crianza)

Monterey Jack

Kalifornien, USA

Dieser Käse wurde um 1830 in Monterey von einem Schotten namens David Jacks kreiert. Er ließ ihn nur eine Woche reifen. Das Ergebnis war ein sogenannter White cheese.

Das Herstellungsverfahren ist mehr oder weniger gleich geblieben. Der Monterey Jack hat einen weißlichen Teig und schmeckt mild, aber angenehm säuerlich. Von sehr guter Qualität sind der Bear Flag Monterey Jack und der Sonoma Jack.

Milch	pasteurisierte Kuhmilch
Käsetyp	Weichkäse mit Naturrinde
Fettgehalt	45 % Fett i. Tr.
Reifezeit	3 Wochen bis 10 Monate und mehr
Geschmack	mild bis kräftig
Wein	kalifornischer Chardonnay

VARIANTEN

Dry Jack: Ein sieben bis zehn Monate gereifter, harter Monterey Jack mit pikant-nussigem Geschmack. Er dient vor allem als Reibkäse.

Englischer Monterey Jack: Jack-Käse mit rotem Wachsmantel; der gelbe Käseteig schmeckt pikant-salzig.

Kefalotiri

Griechenland

Kefalotiri heißt ein schmackhafter Schafmilchkäse, der überall in Griechenland hergestellt wird. Exportiert werden meist mildere Varianten aus Kuhmilch, die als Kefalograviera in den Handel kommen.

Ähnliche Käse werden auch auf Zypern und im gesamten Nahen Osten hergestellt. Das griechische Original hat einen kompakten weißlichen Teig, der mit winzigen Löchern übersät ist. Sein Aroma ist würzig, nußartig, der Geschmack aber recht mild, nur etwas salzig. Die zypriotische Variante mit dem festeren, elfenbeinfarbenen Teig ist weitaus interessanter: kräftiger im Aroma, mit mehr Karamel- und weniger Milchnuancen. Der Geschmack ist pilzartig und blumig.

Servieren Sie Kefalotiri als Bestandteil der griechischen Mezédes, der appetitlichen »kleinen Happen«, mit kaltgepreßtem Olivenöl und frischen Kräutern.

Milch	Schaf- und Kuhmilch
Käsetyp	gepreßter Hartkäse mit Naturrinde
Fettgehalt	45 % Fett i. Tr
Reifezeit	3 Monate und mehr
Geschmack	mild bis würzig
Wein	roter Bordeaux (Claret)

Lanark Blue

Schottland

Dieser köstliche Blauschimmelkäse aus Lanarkshire ist eine echte Alternative zum Roquefort. Erzeugt wird er auf dem Hof mit einer modernen Rotationsmelkanlage, doch ansonsten erfolgt die Käseherstellung noch manuell.

Der von kräftig grünblauen Pilzadern durchzogene, cremig-weiche Käse hat ein feines Kräuteraroma und schmeckt pikant-salzig mit einer säuerlichen Note. Man serviert ihn am besten mit Kräckern oder anderen Käsen auf einer Käseplatte.

VARIANTE

Dunsyre Blue: Ein anderer Blauschimmelkäse von demselben Produzenten, hergestellt aus Kuhrohmilch. Er reift drei Monate und ähnelt in Aroma und Geschmack dem würzigen Gorgonzola piccante.

Milch	Rohmilch von Schafen
Käsetyp	halbfester Blauschimmelkäse
Fettgehalt	52 % Fett i. Tr.
Reifezeit	3 Monate
Geschmack	würzig bis kräftig
Wein	Sauternes

Lancashire

Nordengland

Es gibt nur noch wenige Bauernhöfe, auf denen echter Farmhouse Lancashire nach einem alten Verfahren hergestellt wird, doch dieser Käse unterscheidet sich deutlich vom Lancashire aus der Molkerei. Der aus roher Kuhmilch erzeugte Farmhouse Lancashire schmeckt anfangs mild-salzig, mit zunehmendem Alter auch pikant-salzig. Der Fabrikkäse dagegen ist mild, ja fast geschmacksneutral.

Auf dem Bauernhof wird der Lancashire in großen zylindrischen Laiben mit abgerundeten Kanten hergestellt und ist meist umtucht. Jung ist der Käse so krümelig, daß er sich kaum schneiden läßt. Der weiße Teig hat ein feines Milcharoma und schmeckt leicht säuerlich.

Bei reiferem Farmhouse Lancashire ist der Teig tiefgelb und fester, dabei nur noch leicht krümelig. Er duftet nach saftigen, grünen Weiden, vermischt mit einem dezenten Modergeruch. Im Geschmack ist er angenehm pikant, ja scharf, aber gleichzeitig zart-schmelzend mit grasigen, fruchtigen Noten.

Junger Lancashire ist weich und somit ideal als Aufstrich. Mit frisch geraffelten Möhren oder gehackten Datteln und Walnüssen ergibt der Käse einen köstlichen Sandwich-Belag.

Gerieben oder zerkrümelt eignet er sich hervorragend zum Toasten und Überbacken. Die Einheimischen meinen gar, er sei der erste »Toastkäse« überhaupt gewesen. Einst hieß der Käse »Leigh toaster«, nach der Ortschaft, in der er ursprünglich hergestellt wurde. Auch andere Zubereitungen wie Käsesuppe, gratinierter Blumenkohl oder die klassischen Lancashire-Pies profitieren von seinem Aroma.

Die ersten Käser in der Grafschaft Lancashire hatten meist nur kleine Milchmengen zur Verfügung. Deshalb entwickelten sie ein Verfahren zur Herstellung großer Käselaibe von der Milch mehrerer Tage. Die Bruchmasse wurde oftmals bis zu zwei Wochen aufbewahrt, bis die Säuerung entsprechend fortgeschritten war.

Auch heute ist Rohmilch das Ausgangsprodukt für den Farmhouse Lancashire. Dazu wird die gesäuerte, geschnitzelte und gesalzene Bruchmasse von zwei oder drei aufeinanderfolgenden Tagen vermischt. Nochmals zerkleinert, wird die Bruchmasse dann in Formen eingebracht und 24 Stunden gepreßt. Anschließend werden die Käselaibe bandagiert, gewachst und einige Monate gereift.

REZEPT

Käse-Zwiebel-Pie

350 g Mürbeteig ausrollen und halbieren. Mit der einen Hälfte eine flache Kuchenform oder eine feuerfeste Platte von 23 cm Durchmesser auslegen. 450 g in Scheiben geschnittene Zwiebeln in etwas Butter glasig werden lassen und mit 170 g geriebenem Lancashire auf dem vorbereiteten Teigboden verteilen. Die Käse-Zwiebel-Mischung mit Salz und frisch gemahlenem schwarzem Pfeffer abschmecken. Mit der anderen Teighälfte abdecken und die Teigränder fest zusammendrücken. Den Teigdeckel mit einer Gabel mehrmals einstechen und die Pie im vorgeheizten Ofen bei 190 °C etwa 45 Minuten backen.

Milch	Kuhmilch
Käsetyp	gepreßter Hartkäse mit bandagierter Rinde
Fettgehalt	45 bis 48 % Fett i. Tr.
Reifezeit	3 bis 6 Monate
Geschmack	mild bis kräftig
Wein	Pinot noir oder Burgunder

Langres

Nordostfrankreich

Leider ist dieser herrlich pikante Käse aus der Region zwi-schen Champagne und Burgund in den Ländern, die die Einfuhr von Rohmilchkäse untersagen, nicht erhältlich. Dabei kann er es, optimal gereift, mit jedem französischen Käse aufnehmen.

Der zylinderförmige Langres wird in zwei Größen angeboten: mit einem Gewicht von etwa 800 g bzw. 150 g. Der reife Käse ist an der Oberseite muldenförmig eingefallen und der Rand leicht nach außen gewölbt. Typisch ist die orangefarbene Rinde, die dem Langres sein kräftig-würziges Aroma verleiht.

Reif ist der Käseteig sehr weich, fast fließend und schön gelb. Er hat ein feines Aroma von Zitronen mit einem Hauch Speck und schmeckt aromatisch-pikant. Die Bezeichnung »Stinker« mag sich bei ihm vielleicht aufdrängen, die zitronige Note wirkt jedoch mildernd.

Der Langres paßt gut zu einer Käseplatte. Liebhaber von kräftig aromatischem Käse essen ihn pur mit Backpflaumen und Mandeln.

Milch	Rohmilch von Kühen
Käsetyp	Weichkäse (Rotschmierekäse)
Fettgehalt	45 % Fett i. Tr.
Reifezeit	3 Monate
Geschmack	würzig-pikant
Wein	guter roter Burgunder oder reifer Moulin-à-Vent

Le Brouère

Nordostfrankreich

Dieser noch relativ neue Käse ist das Erzeugnis der elsässischen Käserei Ermitage, die sich eigentlich auf Munster spezialisiert hat. Im Grunde genommen handelt es sich bei diesem Käse um eine Variante des französischen Gruyère aus dem angrenzenden Jura. Der Name ist abgeleitet von dem Wort *bruyère* (»Heide« in der Elsässer Mundart) und bezieht sich auf die Bergweiden der Vogesen.

Der Brouère wird in nicht ganz runden Laiben oder Rädern von 10 cm Höhe hergestellt. Seine Rinde hat die Farbe von heller Schokolade, und auf dem Etikett sind Tannenbäume und Moorhühner abgebildet. Jeder einzelne Käse ist numeriert und signiert. Der hellgelbe Teig von fester Konsistenz zergeht auf der Zunge. Der Käse ist mild und buttrig im Geschmack mit nußartigen Nuancen.

Der Brouère ist ein idealer Tafelkäse, den man mit Obst und Nüssen serviert, eignet sich aber auch vorzüglich zum Kochen.

Milch	Kuhmilch
Käsetyp	Hartkäse (aus gepreßtem Bruch)
Fettgehalt	45 % Fett i. Tr.
Reifezeit	6 Wochen
Geschmack	mild
Wein	roter Burgunder

Leicester

Mittelengland

Leicester wurde anfänglich von den Bauern in der Umgebung der gleichnamigen Stadt aus der Milch erzeugt, die bei der Stilton-Produktion übrigblieb. Durch den Zusatz von Möhrensaft erhielt der Käse eine rötliche Farbe und war fortan als Red Leicester bekannt. Heute wird der cheddarähnliche Leicester mit Annatto orangerot eingefärbt.

Der nach alter Tradition in der Form eines flachen Wagenrads hergestellte Käse hat eine dünne, trockene Rinde und einen kompakten, recht elastischen Teig. Er hat ein leicht süßliches, nußartiges Aroma und schmeckt angenehm mild mit einer feinsäuerlichen Note. Fabrikkäse enthalten mitunter würzende Zutaten wie Kräuter, Knoblauch oder Nüsse.

Milch	Kuhmilch
Käsetyp	gepreßter Hartkäse
Fettgehalt	43 % Fett i. Tr.
Reifezeit	3 bis 6 Monate
Geschmack	mild
Wein	Vin de Pays

Servieren Sie Leicester mit Brunnenkresse und Frühlingszwiebeln als kleinen Imbiß oder auf einer Käseplatte als Nachtisch. Der Käse läßt sich gut schmelzen und färbt Suppen und Saucen, in denen er verarbeitet wird. In seinem Herstellungsgebiet krümelt man ihn auf mit Senf bestrichene und in Milch eingeweichte Brotscheiben, die anschließend im Ofen überbacken werden.

Leidener

Niederlande

Wer Kreuzkümmel oder Kümmel mag, wird von diesem holländischen Käse begeistert sein.

Er kommt aus Leiden und wird in Rädern unterschiedlicher Größe herstellt. Seine gelbe Naturrinde ist zuweilen gewachst oder mit Annatto orangerot eingefärbt. Der Käseteig hat die Konsistenz von Gouda, ist aber mit Gewürzsamen durchsetzt. Leidener riecht und schmeckt nach Kreuzkümmel oder Kümmel, wobei sich Aroma und Geschmack mit zunehmender Reife noch verstärken. Man serviert ihn mit einem Aperitif oder mit Schinken und Pickles.

VARIANTE

Friesischer Nelkenkäse/Friese Nagelkaas: ein sehr harter Schnittkäse von den Friesischen Inseln mit Gewürznelken

Milch	Mager- und Vollmilch von Kühen
Käsetyp	Halbhart- bis Hartkäse
Fettgehalt	20 bis 40 % Fett i. Tr.
Reifezeit	3 Monate bis 2 Jahre
Geschmack	ausgesprochen kräftig
Getränk	Bier

Limburger

Deutschland

Genaugenommen ist dies ein belgischer Käse, denn ursprünglich wurde er von Mönchen in den Klöstern der belgischen Provinz Limburg hergestellt und erst vor mehr als hundert Jahren von Käsemachern im Allgäu übernommen.

Der Limburger zeichnet sich durch seinen intensiven Duft und Geschmack aus. Beides ist auf das Schmieren zurückzuführen, durch das die Rotflora gefördert wird. Der cremefarbene Käse mit rötlichbrauner Rinde wird in unterschiedlich großen Stangen angeboten.

Zu Limburger ißt man am besten Pumpernickel und rohe Zwiebeln. Käse mit schmieriger Rinde oder geschrumpftem Teig hat seinen Höhepunkt überschritten und sollte nicht mehr gekauft werden.

Milch	pasteurisierte Kuhmilch
Käsetyp	Weichkäse (Rotschmierekäse)
Fettgehalt	20 bis 60 % Fett i. Tr.
Reifezeit	3 Monate
Geschmack	als junger Käse mild, durchgereift kräftig
Wein	portugiesischer Rotwein (Garrafeira)

VARIANTEN

Liederkranz: Ein amerikanischer Rotschmierekäse, der 1892 von dem deutschen Einwanderer Emil Frey quasi als Ersatz für den damals aus Deutschland importierten Schloßkäse »erfunden« wurde. Heraus kam eine mildere und weniger pikante Variante des Limburgers. Der Name »Liederkranz« ist von einem damals namhaften Chor abgeleitet. Er wird in kleinen Stangen hergestellt und hat eine weiche, hellbraune Rinde und einen goldgelben, zart schmelzenden Teig, der im Geschmack vollmundig, angenehm säuerlich, aber nicht sehr kräftig ist. Heute ist dieser Käse kaum noch erhältlich.
Old Heidelberg: Ein dem Liederkranz sehr ähnlicher Käse, der in Lena, Illinois, produziert wird.
Brick: Dieser halbfeste Schnittkäse wurde 1875 von dem Schweizer Käsemacher John Jossi in Wisconsin in der Absicht kreiert, einen festeren Käse als den Limburger mit vergleichbarem Aroma herzustellen. Er erzielte das gewünschte Ergebnis, indem er die Molkeabsonderung bei der Bruchbereitung verstärkte und den Käse anschließend zwischen Ziegelsteinen preßte. Seinem Namen entsprechend wird der Käse heute in Form von Ziegelsteinen hergestellt, teils mit rötlichbrauner Naturrinde, teils mit Kunstrinde. Der weißliche Teig ist fest, aber geschmeidig und von kleinen Löchern durchsetzt. Er steht geschmacklich zwischen Tilsiter und Limburger, wobei er milder als letzterer ist, trotzdem recht kräftig mit säuerlichen und nußartigen Aromen. Der Brick wird in den USA gern mit Kräckern gegessen oder als Sandwich-Belag verwendet.

Livarot

Nordostfrankreich

Auch gut verpackt bleibt die Präsenz eines Livarots nicht unbemerkt, denn dieser kleine Weichkäse aus dem Pays d'Auge in der Normandie rangiert eindeutig unter den zehn aromatischsten Käsen Frankreichs. Der Käse kommt heutzutage größtenteils aus Molkereien, die pasteurisierte Milch verarbeiten.

Der Livarot hat eine glänzende, orangerote Rinde, die während der Reifung regelmäßig mit einer schwachen Salzlösung abgerieben wird und immer stärker nachdunkelt. Der goldgelbe Teig, der sich darunter verbirgt, ist weich und geschmeidig und weist eine kleine Lochung auf

Die Rinde riecht kräftig nach Speck und Ammoniak, und auch der mildere Teig hat ein etwas strenges Aroma »nach Bauernhof«. Dieses prägt auch den intensiven Geschmack mit seiner sehr pikanten Note. Man reicht den Käse mit Äpfeln und Birnen zum Nachtisch.

Milch	teilentrahmte Kuhmilch
Käsetyp	Weichkäse (Rotschmierekäse)
Fettgehalt	40 bis 45 % Fett i. Tr.
Reifezeit	3 Monate
Geschmack	sehr kräftig
Wein	Bauern-Cidre oder Calvados

Mahón

Balearen, Spanien

Dieser fruchtige Käse ist nach der Hauptstadt der Balearen-insel Menorca benannt. Der dort seit Jahrhunderten hergestellte Käse verdankt seinen guten Ruf den Fertigkeiten der *recogedores-afinadores*, die den frischen Käse bei den Bauern einsammeln, um ihn dann in unterirdischen Reifekellern über einen Zeitraum von zwei Monaten bis zu zwei Jahren zu lagern und zu pflegen.

Der meist quaderförmige Käse mit den abgerundeten Ecken hat anfangs noch eine goldgelbe Rinde, die – wie der elfenbeinfarbene Teig – mit zunehmender Reife nachdunkelt. Der Mahón hat ein feines Milcharoma mit floralen Noten, schmeckt aber säuerlich und feinwürzig nach gerösteten Nüssen und Karamel – und dies langanhaltend. Mahón ist ideal für eine Käseplatte oder als Sandwich-Belag. Auf Menorca wird er in Scheiben serviert, mit Olivenöl beträufelt und mit frischem Estragon bestreut.

Milch	Kuhmilch
Käsetyp	gepreßter Halbhart- bis Hartkäse
Fettgehalt	40 bis 45 % Fett i. Tr.
Reifezeit	2 bis 24 Monate
Geschmack	würzig bis kräftig
Wein	roter Rioja

Manchego

Zentralspanien

Der Manchego ist der bekannteste spanische Hartkäse aus Schafmilch. Seinen Namen hat er von der Region, in der er hergestellt wird: La Mancha, die Heimat von Don Quijote. Der Käse bleibt in jedem Reifestadium relativ mild und schmeckt angenehm pikant nach gesalzenen Nüssen. Früher diente der Käse auf Märkten als Zahlungsmittel, und auch die Schafhirten, die ihre Herden begleiteten, wußten dieses haltbare Nahrungsmittel zu schätzen. Heute werden die meisten Käse etwa zwei bis drei Monate gereift und als *semi curado* oder *medio curado* verkauft; ältere Exemplare kommen als *curado* oder *viejo* auf den Markt. Nur wenige Tage alter Käse wird als Manchego *fresco* bezeichnet.

Manchego wird in Zylindern mit einem Gewicht von 2 bis 3,5 kg hergestellt und hat eine strohgelbe bis dunkelbraune Rinde, auf der die Musterung der Käsepresse zu sehen ist. An Oberfläche und Boden ist ein Blumenmuster eingeprägt, an den

Milch	Schafmilch
Käsetyp	Hartkäse mit Naturrinde
Fettgehalt	mind. 50 % Fett i. Tr.
Reifezeit	2 Monate bis 2 Jahre
Geschmack	mild aromatisch
Wein	Fino Sherry

Oben: *Eine Windmühle in La Mancha*

Seiten das typische Zickzackmuster vom Geflecht aus Espartogras (heute meist durch Plastik ersetzt).

Während der Reifezeit bildet sich auf der Oberfläche ein grünlich-schwarzer Schimmel, der manchmal abgerieben wird. Der gelbliche, kompakte Teig ist von winzigen Löchern durchsetzt. Er riecht sehr aromatisch, dazu etwas sahnig-karamelartig, was sich auch im Geschmack niederschlägt, der sich mit nußartigen Nuancen verbindet.

Manchego schmeckt gut zu Quittenkompott oder frischen Feigen und Honig. Man serviert ihn auch mit schwarzen Oliven und Fleischtomaten oder zu verschiedenen Tapas.

VARIANTEN

Malvern Manchego: Ein englischer Schafmilchkäse, der von der Käserei Malvern Cheesewrights in Worcester herstellt wird; der Käse ist angenehm pikant und mild-würzig im Geschmack.
Berkswell: Ein weiterer englischer Schafkäse nach Art des Manchego. Er hat eine sandfarbene Naturrinde und einen »geschlossenen«, cremigen Teig, der gleichzeitig auch recht bröckelig ist. Charakteristisch ist sein angenehm pikanter und ausgeprägt nußartiger Geschmack.

REZEPT

Garnelen-Käse-Kroketten

1 Eßlöffel Olivenöl mit 2 Eßlöffeln Mehl und 80 ml Milch kräftig verrühren. Die Mischung 2 bis 3 Minuten köcheln und leicht abkühlen lassen. Je 85 g gehackte, gekochte Garnelen und geriebenen Manchego zugeben und die Mischung mit Salz und frisch gemahlenem schwarzem Pfeffer abschmecken. Im Kühlschrank gut durchkühlen lassen und dann zu walnußgroßen Kugeln formen. Die Kugeln nacheinander in verquirltes Ei und in Semmelbrösel tauchen und dann in heißem Fett knusprig ausbacken.

Maroilles

Nordwestfrankreich

Dieser kräftig-aromatische, scharfe Käse, in Frankreich auch als *vieux puant* – »alter Stinker« – bezeichnet, wurde benannt nach einem Kloster im Nordosten Frankreichs, wo er kreiert und im Jahre 1174 erstmals schriftlich erwähnt wurde.

Noch heute wird er regional in verschiedenen Formen und Größen hergestellt, meist jedoch quadratisch. Typisch ist die orangerote gewaschene Rinde mit geriffelter Oberfläche. Der Käse wird in Schachteln verpackt angeboten. Beim Einkauf sollte man durch Fingerdruck seine Konsistenz prüfen.

Milch	Kuhmilch
Käsetyp	Weichkäse (Rotschmierekäse)
Fettgehalt	45 bis 50 % Fett i. Tr.
Reifezeit	4 Monate
Geschmack	sehr kräftig, pikant
Wein	Nuits-St-Georges

Der Teig eines qualitativ guten Maroilles ist weich, ganz leicht gewölbt und von vielen kleinen Löchern übersät. Das sehr intensive, volle Aroma der Rinde findet sich auch im Teig, wenngleich in etwas abgemilderter Form. Im Geschmack ist der Maroilles ausgezeichnet: sehr kräftig, pikant, fast fleischig mit einer zitronigen Note – genau das Richtige für unerschrockene Genießer. Man reicht ihn pur mit reifen Trauben oder auf einer Käseplatte.

Oben: *Rotschmierekäse in verschiedenen Varianten: Livarot, Maroilles und Epoisses (im Uhrzeigersinn von oben)*

VARIANTEN

Gris de Lille: Der ebenfalls als »Stinker« bezeichnete Käse aus Nordfrankreich unterscheidet sich nur unwesentlich vom Maroilles.
Rollot: Diese Maroilles-Variante stammt aus dem gleichnamigen Marktflecken in der Picardie im Département Somme und soll seinem Hersteller lebenslange Pensionsansprüche von Ludwig XIV. eingebracht haben. Der Sonnenkönig war von diesem Käse so entzückt, daß er den Mann zu seinem persönlichen Käsemeister ernannte. Der in runder oder in Herzform hergestellte Käse ist von einer rötlichgelben bis rötlichbraunen Schmiere bedeckt und hat einen geschmeidigen gelben Teig mit kleiner Lochung. Er schmeckt kräftig aromatisch.
Dauphin: Dieser Käse mit 50 % Fett i. Tr. wird nach der gleichen Rezeptur wie der Maroilles hergestellt, aber unter Zusatz von Petersilie, Estragon, Pfeffer und Nelken. Der in verschiedenen Formen (rund, halbmond-, herz- und stangenförmig) angebotene Rotschmierekäse schmeckt besonders gut in der Zeit von September bis Mai.

Maytag

Iowa, USA

Dieser erstmals 1941 hergestellte amerikanische Blauschimmelkäse ist das Ergebnis der gemeinsamen Bemühungen der Iowa State University und der Maytag Dairy Farm in Newton, Iowa. Der Käse genießt weltweites Ansehen: Etwa 30 Prozent der Käsemenge wird über Mail-order verkauft, der Rest direkt ab Erzeuger.

Der Käse wird als Rundlaib in verschiedenen Größen hergestellt und nach Entfernen der Wachsschicht in Folie verpackt. Der weiße Teig ist von krümelig-weicher Struktur mit grünen, gleichmäßig im Teig verteilten Schimmeladern. Manchmal wird der Käse während des Versands etwas feucht, doch schon nach kurzer Verweildauer im Kühlschrank trocknet er wieder und läßt sich trotz seiner cremigen Konsistenz noch relativ gut mit dem Messer schneiden.

Milch	Kuhmilch
Käsetyp	halbfester Blauschimmelkäse
Fettgehalt	48 % Fett i. Tr.
Reifezeit	6 Monate
Geschmack	kräftig
Getränk	Bier

Der Maytag riecht intensiv nach Pilzen und Zitrusfrüchten und schmeckt auch entsprechend kräftig: zart-schmelzend und sahnig mit komplexen Nußnoten und erfrischend säuerlich im Nachklang.

Man ißt diesen Käse pur. Vermischt mit körnigem Frischkäse, ergibt er eine gute Füllung für Selleriestangen, entsteinte Datteln oder Gurken. Genauso köstlich schmeckt er in Dressings, Dips und Saucen.

Die ungewöhnliche Teigstruktur des Maytag kommt durch das spezielle Herstellungsverfahren zustande. Nach dem Zerteilen des Bruchs werden die Käsekörner aus den Wannen in mit dünnem Baumwollstoff ausgelegte Ringformen geschöpft, damit die Molke gut ablaufen kann. Dann wird die Käsemasse gesalzen, mit Schimmelkulturen in Pulverform bestreut, und alles wird gut vermischt. Die Ringe werden anschließend über Abtropfwannen plaziert und alle 20 bis 30 Minuten gewendet, damit die restliche Molke noch ablaufen kann.

Fritz Maytag, der das Familienunternehmen in vierter Generation leitet, macht das regelmäßige »Wenden« dafür verantwortlich, daß im Innern des Käselaibs kleine Löcher verbleiben, in denen sich der Schimmel ausbreiten kann. Nach erneutem Salzen läßt man die Käselaibe drei Tage ruhen, um sie dann zur Förderung der Schimmelbildung mit feinen Nadeln zu durchstechen. Danach kommen die Laibe für sechs Wochen in den Reifekeller. Während dieser Zeit wächst innen wie außen der Blauschimmel. Nach Entfernen des äußeren Schimmelbelags werden die Käselaibe gewachst und in einem kälteren Keller gelagert, wo sie schließlich ihren typischen Geschmack entwickeln. Dann wird der Maytag erneut pikiert, von der Wachsschicht befreit und versandfertig gemacht.

Milleens

Westirland

Dies ist einer der interessantesten Weichkäse mit Rotflora, der in den letzten Jahren in Irland auf den Markt gekommen ist. Hergestellt wird er von Norman und Veronica Steele auf ihrem Hof in West Cork. Die Milch liefern die eigenen Kühe und die Tiere zweier Nachbarn.

Milleens wird in Rundlaiben mit einem Gewicht von 1,3 kg und etwa 225 g hergestellt und reift zwei bis drei Wochen auf dem Hof. Manche Läden verkaufen die Käselaibe in diesem Reifestadium, andere lagern sie weitere vier bis sechs Wochen.

Der Milleens hat eine wunderschöne rötlichorangefarbene Rinde und einen festen bis cremigen Teig. Im Geruch ist er kräftig, im Geschmack allerdings etwas dezenter, vollmundig und sahnig mit anhaltenden floralen Noten.

Servieren Sie diesen aromatischen Käse pur zum Nachtisch oder mit Sodabrot und Stout, dem irischen Starkbier. Oder kombinieren Sie ihn einmal mit Spargelspitzen und Parmaschinkenröllchen.

Milch	Rohmilch von Kühen
Käsetyp	Weichkäse (Rotschmierekäse)
Fettgehalt	45 % Fett i. Tr.
Reifezeit	4 bis 10 Wochen
Geschmack	würzig bis kräftig
Wein	Chardonnay

Mimolette

Nordwestfrankreich

Dieser Käse hat einen schnittfesten Teig und einen unverkennbaren Geschmack. Bei jungem Käse ist die Rinde noch relativ glatt, wird aber mit fortschreitendem Alter immer dicker und erinnert dann stark an eine mit Kratern übersäte Mondlandschaft. In diesen »Kratern« siedeln sich Milben an, denen der sehr reife Käse seine löchrige, wie Pulverschnee wirkende Oberfläche verdankt.

Der mit Annatto rötlich gefärbte Käseteig dunkelt zum Rand hin nach, ist fest und etwas brüchig. Junger Mimolette ist relativ mild, reifer Käse dagegen riecht kräftig und intensiv, fast wie »Medizin«. In diesem Stadium schmeckt er kräftig nußartig und zitronig.

Als Alternative zu milderen Käsesorten gehört Mimolette unbedingt auf eine gemischte Käseplatte. Er schmeckt ausgezeichnet zu Schwarzbrot und süß-sauren Gurken oder Cornichons. Da er sich gut reiben läßt, kann er auch in der warmen Küche vielseitig eingesetzt werden.

Milch	Kuhmilch
Käsetyp	Schnittkäse/Halbhartkäse
Fettgehalt	mind. 40 % Fett i. Tr.
Reifezeit	2 Monate bis 2 Jahre
Geschmack	würzig bis kräftig
Getränk	Bier

Morbier

Nordostfrankreich

Man könnte meinen, eine feine Schimmelschicht zöge sich quer durch die Mitte des Käselaibes. Tatsächlich handelt es sich dabei um Holzkohlenasche, mit der eine Schicht Käsebruch bestreut wurde, um ein Austrocknen zu verhindern. Am folgenden Tag wurde dann eine zweite Käsebruchschicht ergänzt.

Einst erfolgte die Herstellung des Morbier während der Wintermonate in den Sennereien des französischen Jura, heute dagegen kommt er aus der Molkerei. Der Aschestreifen ist nur noch Dekoration.

Von bester Qualität sind die Rohmilchkäse mit dem Zusatz *au lait cru* auf dem Etikett. Sie haben eine trockene, graubraune Rinde und einen festen, elfenbeinfarbenen Teig. Ihr Geschmack ist mild, mit einem Aroma von Nüssen und Heu. Morbier serviert man mit Kräckern oder als Brotbelag mit einem süßen Chutney. Zudem läßt er sich gut reiben und verleiht gebackenem Gemüse eine feine Käsewürze.

Milch	Kuhmilch
Käsetyp	Schnittkäse/Halbhartkäse
Fettgehalt	45 % Fett i. Tr.
Reifezeit	2 bis 3 Monate
Geschmack	mild aromatisch
Wein	Elsässer Pinot gris

Mozzarella

Süditalien

Echter Mozzarella wird aus Büffelmilch hergestellt. Büffelherden gibt es bereits seit dem 2. Jahrhundert in Kampanien bei Neapel. Während des Zweiten Weltkriegs wurden die Tiere allerdings vorübergehend durch deutsche Truppen ausgerottet.

Büffelmilch-Mozzarella ist wieder stark im Kommen, obwohl ein Großteil dieses Käsetyps heute aus Kuhmilch erzeugt wird. Tatsächlich sind die beiden Mozzarella-Varianten nicht zu vergleichen. Das Original aus Büffelmilch ist wesentlich weicher und nicht so gummiartig in der Konsistenz wie der Kuhmilchkäse und schmeckt auch viel besser. Echter Mozzarella ist also durchaus sein Geld wert.

Italienischer Mozzarella wird in kleinen, runden Kugeln hergestellt und lose in einer schwachen Salzlösung oder, eingeschweißt in Beuteln, mit Molke angeboten. Mozzarella ist immer weiß und praktisch rindenlos mit einer glänzenden Oberfläche. Jung und frisch ist

Milch	Büffel- oder Kuhmilch
Käsetyp	Filata-Käse (gebrühter Knetkäse)
Fettgehalt	50 % (Büffelmilch) bzw. 45 % Fett i. Tr.
Reifezeit	1 bis 3 Tage
Geschmack	sehr mild
Wein	kalifornischer Chardonnay oder Chablis

VARIANTEN

Bocconcini: Kleine Mozzarella-Bällchen, normalerweise aus Kuhmilch hergestellt. Sie werden meist in einer Schüssel mit Salzlake in der Verkaufstheke ausgestellt.
Bufala Provola: Geräucherter, kugelförmiger Filata-Käse aus Kampanien, hergestellt aus gereiftem Mozzarella, der in einem zylindrischen Behälter über brennendem Stroh geräuchert wird.
Mozzarella affumicata: Ein geräucherter, fester Mozzarella-Käse, hergestellt in größeren Kugeln. Die Käsekugeln werden in Fässer gehängt, auf deren Böden verschiedene Hölzer abbrennen. Durch das Räuchern bekommt der Käse eine dunkle Oberfläche.
Scamorza: Eine festere, kompaktere Mozzarella-Variante aus dem Piemont und den Abruzzen, die gereift und häufig auch geräuchert angeboten wird. Bei der US-Variante aus Dallas (Texas) erfolgt das Räuchern über brennenden Pekannußschalen.

Oben: *Tomaten mit Mozzarella und Basilikum*

der Käse recht geschmeidig und läßt sich gut aufschneiden. Mit zunehmendem Alter wird er weich, aber auch ausgeprägter in Aroma und Geschmack. Man sollte jedoch den Reifeprozeß nicht zu weit fortschreiten lassen, sonst verdirbt der Käse.

Mozzarella aus Büffelmilch können Sie dank des ausgeprägten Aromas pur servieren, während die Kuhmilch-Variante in der Regel einer »Geschmacksverstärkung« durch würzende Zutaten bedarf. Büffelmilch-Mozzarella reicht man vorzugsweise in Scheiben geschnitten und mit gutem Olivenöl beträufelt oder mit einer Handvoll roter Beeren oder einer Kiwi als Beilage. Seiner Verwendung sind kaum Grenzen gesetzt: Er kann mit Orangenscheiben und Oliven oder auch mit gerösteten roten und grünen Paprikaschoten kombiniert werden. Durch Hitzeeinwirkung zieht Mozzarella stark Fäden und wird deshalb gern als Pizzakäse verwendet. Außerdem ist er die klassische Zutat in *Mozzarella in carrozza*, einer Spezialität aus Neapel: Dafür wird eine dicke Scheibe Mozzarella zwischen zwei Weißbrotscheiben gelegt, diese dann durch verquirltes Eigelb gezogen und anschließend in reichlich Öl in der Pfanne goldgelb gebraten.

Mozzarella ist ein sogenannter Filata-Käse. Nach der Bereitung eines mittleren Bruchs läßt man die Masse eine Weile ruhen. Dann wird der Bruch aus der Molke gehoben und mit heißem Wasser gebrüht und anschließend geknetet, bis eine weiche und formbare Masse entsteht. Davon werden kleine Stücke abgeschnitten und entsprechend geformt.

REZEPT

Auberginen-»Pizza«

400 g Dosentomaten mit 1 Eßlöffel Tomatenpüree und einer zerdrückten Knoblauchzehe mischen. Mit 1 Prise getrocknetem Oregano sowie Salz und Pfeffer würzen. Die Mischung unter gelegentlichem Rühren ziemlich dick einkochen. 2 Auberginen in etwa 16 Scheiben schneiden. Mit Olivenöl einpinseln und das Gemüse unter den heißen Grill schieben. 8 bis 10 Minuten unter gelegentlichem Wenden grillen. Die Tomatenmasse auf den gegrillten Auberginenscheiben verteilen und mit Mozzarellascheiben belegen. Weitere 2 bis 3 Minuten unter den Grill schieben, bis der Käse Blasen wirft.

Munster

Nordostfrankreich

Das Elsaß bringt nicht nur ausgezeichnete Weine hervor, sondern auch diesen sehr aromatischen Käse. Die Herstellung konzentriert sich auf das malerische Städtchen Munster. Der ursprungsgeschützte Käse darf nur in dem begrenzten Gebiet der Vorhügelzone der Vogesen und in Elsaß-Lothringen hergestellt werden.

Der Munster kommt in flachen, runden Laiben mit einem Gewicht von 500 g auf den Markt. Der Petit Munster mit einem Gewicht von 150 g hat in der Regel nicht die gleiche Konsistenz und das intensive Aroma der größeren Käselaibe.

Bei einem jungem Munster ist die orangerote, etwas feuchte Rinde dünn, aber fest, und der Teig ist weißlich. Mit fortschreitendem Alter bekommt die Rinde eine kräftig rotbraune Farbe. Der nun dunkelgelbe Käseteig ist geschmeidig und weist kleine Löcher auf. Je weiter der Käse reift, um so cremiger wird er.

Milch	Kuhmilch
Käsetyp	Weichkäse (Rotschmierekäse)
Fettgehalt	45 bis 50 % Fett i. Tr.
Reifezeit	1 Monat
Geschmack	ausgeprägt kräftig
Wein	Elsässer Gewürztraminer

Das intensive, fein-säuerliche »Kuhstall-Aroma« der Rinde paßt zum kräftig pikanten Geschmack des Teiges.

Servieren Sie den Munster mit Obst und stellen Sie ein Schälchen mit Kümmel-, Kreuzkümmel- oder Fenchelsamen dazu, wie es im Elsaß üblich ist. Dann kann sich jeder den Käse nach Belieben würzen.

Zu lange gereiften Käse sollte man möglichst nicht mehr kaufen, da er recht penetrant riecht. Typisch für ein solches Exemplar ist eine verblaßte, rissige und schmierige Rinde und ein fließender Teig.

VARIANTEN

Géromé: Aus Lothringen stammender, tortenförmiger Rotschmierekäse, der mit dem Munster identisch ist. Heute werden die beiden Käse nicht mehr unterschieden, sondern als Munster-Géromé zusammengefaßt.
Lingot d'Or: Eine Munster-Variante aus der für ihr Mineralwasser berühmten Stadt Contrexéville. Lingot d'Or heißt übersetzt »Goldbarren«, und so sieht der Käse auch aus.
Chaumes: Ein nach den Bergweiden in den Vogesen benannter Weichkäse mit feiner Rotflora, der allerdings fabrikmäßig im Südwesten Frankreichs hergestellt wird. Dieser angenehm milde, fein-würzige Käse erinnert nur schwach an den Munster. Er ist vollmundig-sahnig und schmeckt leicht nußartig. Unter seiner gelbbraunen Rinde verbirgt sich ein goldgelber Teig mit sparsamer Lochung, der von fester und recht elastischer Konsistenz ist.
Deutscher Münster: Mit der gleichnamigen Stadt hat dieser Fabrikkäse nichts zu tun. Münsterkäse ist fester und größer als die französischen Käselaibe. Er schmeckt angenehm pikant, aber längst nicht so ausgeprägt kräftig wie das französische Original.
Amerikanischer Muenster: Ein milder, fade schmeckender Käse, dessen einziger Vorzug seine sehr gute Schmelzfähigkeit ist.

Ossau-Iraty

Südwestfrankreich

Der auch als Iraty angebotene Käse ist ein Pyrenäenkäse, der von der französischen Seite des Gebirgszugs stammt. Der ursprünglich aus Schafrohmilch hergestellte Käse kommt heute überwiegend aus französischen Molkereien.

Der Käse wird in Zylindern von meist 4 bis 5 kg Gewicht hergestellt. Er hat eine glatte, sandfarbene Rinde und einen blaßgelben, geschmeidig-festen, von kleinen Rissen durchsetzten Teig.

Charakteristisch sind sein weinartiges Aroma mit etwas »Stallgeruch« und sein zitronig-nußartiger, leicht modriger Geschmack.

Diesen Käse kann man gut auf einer Käseplatte reichen. Er schmeckt ausgezeichnet in Salaten, als Brotbelag oder in der Kombination mit Bayonne-Schinken oder luftgetrockneter Schweinewurst. In seinem Herstellungsgebiet wird der Ossau-Iraty zwar kaum zum Kochen verwendet, gerieben ist er jedoch vorzüglich in Kartoffelgratin.

Milch	Schafmilch
Käsetyp	Schnittkäse/Halbhartkäse
Fettgehalt	45 bis 50 % Fett i. Tr.
Reifezeit	3 Monate
Geschmack	würzig, zitronig-nußartig
Wein	Cahors

Parmigiano-Reggiano

Norditalien

Außerhalb Italiens oft einfach Parmesan genannt, ist er der klassische Käse der Haute Cuisine in Frankreich, und der Rest der Welt ist diesem Beispiel gefolgt. Der Parmesan gehört zu den körnigen Extrahartkäsen und wird seit vielen Jahrhunderten in kleinen Käsereien, sogenannten *caselli*, in der Po-Ebene hergestellt.

Die Jahresproduktion beläuft sich mittlerweile auf über zwei Millionen Laibe, die jedoch gemäß der italienischen Käseverordnung nur in eigens ausgewiesenen Gebieten der Region Emilia-Romagna erzeugt werden dürfen. Die großen trommelförmigen Laibe, die wie kleine Bierfässer aussehen, haben eine glänzende, goldbraune Rinde, auf der die Herkunftsbezeichnung und das Herstellungsdatum eingebrannt sind. Der strohgelbe Teig hat eine feinkörnige, blättrige Struktur und wird mit fortschreitendem Alter immer fester.

Der Käse hat eine grobe Körnung, die das Schneiden mit dem Messer kaum zuläßt. Deshalb werden die Laibe mit einem Spezialwerkzeug, einem sogenannten Parmesanmesser mit extrabreiter Klinge, eingeritzt und dann gebrochen. Parmesan erkennt man an seinem typisch würzigen, delikaten Aroma, das an Rosinen und Trockenfrüchte mit Wein erinnert. Gut gelungen ist der Käse edel und würzig im Geschmack mit einer dezent salzigen Note. Trotz der körnigen Kaseinkristalle zergeht er auf der Zunge.

Parmesan wird oft als »Gewürz« angesehen, das man über Pasta, Suppen und andere Gerichte streut oder in der warmen Küche verwendet. Aber auch als Tafelkäse schmeckt Parmesan ausgezeichnet, insbesondere wenn er frisch oder mittelalt ist. In Italien serviert man ihn in kleinen Stücken mit frischen Feigen oder Birnen oder aber, zerbröckelt als Appetithäppchen, zum Aperitif.

In der Küche ist Parmesan vielseitig zu verwenden. Dünne »Späne« verfeinern Salate und sind die klassische Beigabe zu *Bresaola* (hauchdünn geschnittenes Bündner Fleisch), *Carpaccio* (ebenso geschnittenes Rinderfilet) oder Artischockenherzen. Gerieben kommt der Käse an alle Pastasaucen, ausgenommen Fischsaucen. Parmesan ist ein unverzichtbarer Bestandteil des berühmten Genueser Pesto, würzt aber auch Suppen und Gemüsegerichte wie z. B. *Melanzane al forno* (Auberginenauflauf mit Mozzarella und Parmesan). Oft wird er auch als »Geschmacksverstärker« mit anderen Käsesorten gemischt, etwa mit Cheddar für Blumenkohl-Gratin oder mit Greyerzer im Käsesoufflé.

Aufgrund seiner langen Reifezeit ist dieser Käse wesentlich bekömmlicher als viele andere Sorten. In Italien wird der Verzehr von Parmesan besonders Kleinkindern, alten Menschen, Sportlern oder Schwangeren empfohlen.

Oben: *Gemüsesuppe mit Nudeln und geriebenem Parmesan*

EINKAUFSFÜHRER

Viele Verbraucher kaufen Parmesan fertig gerieben im Beutel. Ein großer Fehler, denn dieser abgepackte Käse hat mit einem frisch gebrochenen Stück vom ganzen Käselaib nichts gemein. Parmesan büßt schnell sein würziges Aroma ein, sobald er gerieben ist, und sollte deshalb nur am Stück gekauft und nach Bedarf zu Hause gerieben werden. Am besten kauft man den Käse dort, wo er frisch gebrochen und eingepackt wird. Leider ist das nicht immer möglich.

Bei echtem Parmesan ist nicht nur der Name »Parmigiano Reggiano« in die Rinde eingebrannt, sondern auch das Herstellungsdatum. Für den Export muß er darüber hinaus eine Kontrollnummer tragen. Er wird in vier Reifestufen angeboten:
giovane (oder *fresco*): frisch, nach 14monatiger Reife
vecchio: alt, nach 18 bis 24 Monaten Reife
stravecchio: gereift, nach zwei bis drei Jahren Reife
stravecchione: extraalt, nach drei bis vier Jahren Reife

Der Käse findet in jedem der vier Reifestadien seine Liebhaber. Zuweilen verlangen aber auch die jeweiligen Rezepte und Zubereitungsarten Käse verschiedener Reifestufen. Parmesan ist auf den Punkt gereift, wenn er *congocciola* ist, also wenn sich die charakteristische Reifungsflüssigkeit im Käse bildet, die beim Aufbrechen des Laibes als winzige »Tränen« erscheint. Bei optimaler Lagerung hält sich Parmesan sehr lange. Man kann das gekaufte Stück Parmesan erst in ein feuchtes Baumwolltuch, dann in Folie einschlagen und bis zu zwei Monaten im Kühlschrank aufbewahren.

Parmesan-Käse wird nur zwischen dem 1. April und dem 11. November aus Rohmilch hergestellt, jedoch in so großen Mengen, daß trotz der langen Reifezeit immer noch genügend zum Verkauf kommt. Für ein Kilogramm dieses edlen Käses benötigt man 16 Liter Milch.

Die Herstellung beginnt damit, daß die Abendmilch vom Vortag mit der teilentrahmten Morgenmilch zusammengeschüttet wird. Dann wird sie nach Zugabe der Starterkultur auf 33 °C erwärmt und mit Lab vermischt. Innerhalb von wenigen Minuten gerinnt die Milch. Die entstandene Gallerte wird mit dem *spino* genannten, scharfkantigen Dorn auf Weizenkorngröße zerteilt und dann erneut erhitzt.

Nachdem der Bruch eine Temperatur von 55 °C erreicht hat, setzen sich die Körner am Kesselboden ab. Diese Käsemasse wird nun mit Leinentüchern herausgehoben, in Formen eingebracht und leicht gepreßt. Anschließend werden die Käselaibe gekennzeichnet, ins Salzbad gelegt und gelagert, bis sie die gewünschte Reife haben.

Nach 14 Monaten werden die Laibe im Käselager geprüft und bewertet. Das Prüfwerkzeug besteht aus einem Schlaghammer, einem Käsebohrer und einem Probedübel, doch meist wird letzterer nicht benötigt. Zunächst klopft der Prüfer den Käselaib mit dem Hammer ab, um auf den Widerhall zu horchen. Durch die akustische Beurteilung des Käseinneren kann er dann entscheiden, welcher der fünf Güteklassen der Laib zuzuordnen ist. Der Käsebohrer verhilft ihm schließlich zu einer genauen Diagnose. Durch Einstechen und Drehen des Bohrers zieht er eine Probe aus dem Innern des Käses, um sie in Aroma und Geschmack zu beurteilen.

Milch	vollfette und teilentrahmte Kuhrohmilch
Käsetyp	Extrahartkäse mit gebürsteter und geölter Naturrinde
Fettgehalt	28 bis 32 % Fett i. Tr.
Reifezeit	1 bis 4 Jahre
Geschmack	delikat bis würzig
Wein	Chianti classico oder riserva

Pecorino

Mittel- und Süditalien

In den Bergregionen Mittel- und Süditaliens sind Kühe selten anzutreffen, und so werden diese kompakten Hartkäse aus Schafmilch hergestellt. Jede Region hat ihre eigene Variante.

Pecorino kommt frisch, mittelreif und durchgereift auf den Markt, wobei die Farbe der Rinde vom Hersteller abhängt. Beim Pecorino senese wird sie beispielsweise mit Tomatenpüree abgebürstet, bei anderen wird sie geölt und mit Holzkohle eingerieben.

Ungereifter Pecorino fresco hat normalerweise einen weißen Teig und ist recht krümelig. Mit zunehmender Reife dunkelt er nach und wird härter. Ein alter, durchgereifter Pecorino romano ist äußerst fest und von den typischen Kaseinkristallen durchsetzt.

Mit fortschreitendem Alter ändern sich auch Aroma und Geschmack. Junger, frischer Käse ist meist recht mild und fein-säuerlich, ältere Exemplare können dagegen ausgesprochen pikant-salzig sein. Allen Käsen gemein ist die angenehm nußartige Note und die typisch zitronige Würze von Schafkäse.

Jungen Pecorino serviert man auf einer Käseplatte oder reicht ihn mit Olivenbrot, Radicchio und Eiertomaten als kleinen Imbiß. In Scheiben geschnitten, läßt er sich gut mit Streifen von getrockneten Tomaten und Olivenöl servieren. In der Toskana ißt man diesen Käse mit frischen, enthülsten Saubohnen.

Gereifterer Pecorino dient meist als Reibkäse und wird in Gerichten der süditalienischen Landesküche verwendet. Mit seinem pikanten Aroma würzt er Füllmassen für Tomaten, Pilze und andere Gemüse.

VARIANTEN

Pecorino toscano: Ein toskanischer Käse, der meist ungereift verzehrt wird, das heißt, wenn er noch fast cremig ist. Mit zunehmender Reife härtet der Käse aus und bekommt eine etwas gipsartige Konsistenz. Er wird aus verschiedenen Milchsorten hergestellt. Man achte deshalb auf den Zusatz *tutti di latte de pecora* oder *pecora completo*, der besagt, daß ausschließlich Schafmilch verwendet wurde.
Pecorino romano: Diese Pecorino-Variante aus der mittelitalienischen Region Latium reift mindestens acht Monate, bevor sie auf den Markt kommt, wird aber meist nach einer noch längeren Reifezeit verzehrt. Der Käse ist ausgesprochen pikant-salzig, was auf das sechs- bis achtwöchige Trockensalzen zurückzuführen ist. Gerieben oder gehobelt reicht man ihn zu Salami und Brot, zu Oliven oder streut ihn über Pasta aller Art.
Pecorino sardo: Auf dem Höhepunkt seiner Reife ist dieser sardische Käse dem Pecorino romano sehr ähnlich, obwohl erfahrene Käseprüfer natürlich sofort den Unterschied erkennen. Tatsächlich ist ein Großteil des angebotenen Pecorino romano in Wirklichkeit Pecorino sardo. Junger Käse wird nach zwei bis drei Wochen Reifungszeit verzehrt.
Pecorino senese: Im Grunde genommen ein Pecorino toscano, dessen Rinde statt mit Öl und Asche mit Tomatenpüree eingerieben wird.
Pecorino siciliano: Eine sizilianische Pecorino-Variante, die auch als Canestrato oder Incanestrato bezeichnet wird. Der Name geht auf den Korb (*canestra*) aus Schilfgeflecht zurück, wodurch der Käse die typische Form und Musterung erhält. Pecorino siciliano hat einen recht scharfen, pikanten Geschmack, der manchmal durch den Zusatz von Safran oder Pfefferkörnern noch verstärkt wird. Ungereifter Pecorino siciliano wird in Italien bereits einen Tag nach der Herstellung, also noch vor dem Einsalzen, gegessen. Dieser Käse hat einen sehr delikaten Geschmack und ist noch ganz weich und cremig.

BRITISCHE UND US-AMERIKANISCHE SCHAFMILCHKÄSE

Seit etwa zehn Jahren gibt es auch in Großbritannien eine Reihe von Produzenten, die im kleinen Rahmen auf Bauernhöfen oder in Käsereien Schafmilchkäse erzeugen. Erhältlich sind sie in der Regel nur direkt ab Erzeuger oder über Käsefachgeschäfte.

VARIANTEN (FORTS.)

Duddleswell: Dieser kleine Käse in Radform wird in Uckfield, Sussex, erzeugt. Er schmeckt leicht sahnig und enthält als würzende Zutaten manchmal Schnittlauch oder zerdrückte Pfefferkörner.

Redesdale: Ein in Otterburn, Northumberland, hergestellter Schafkäse, der entweder wenig gereift und mit würzig-zartem Geschmack oder nach viermonatiger Reifezeit, dann aber kräftig aromatisch, auf den Markt kommt, zuweilen mit Kräutern als würzende Zutaten.

Ribblesdale: Ein kleiner, rotgewachster Käse mit nußartigem Geschmack. Für die Variante Ribblesdale Smoked Cheese werden die Laibe über Eichenholz und Asche geräuchert.

Spenwood: Dieser von Village Maid in Berkshire erzeugte Käse ist von höchster Güte. Wegen seines ausgesprochen vollmundigen und aromatischen Geschmacks wird er oft mit jungem Parmesan verglichen. Der Rohmilchkäse mit Naturrinde reift sechs Monate und entwickelt in dieser Zeit einen festen, harten Teig.

Tala: Diese Käseneuheit, benannt nach Tala Water, einem Bach, der sich durch ein kleines, verstecktes Tal bei Launceston in Cornwall schlängelt, wird von Heather White aus der Milch hofeigener Kühe hergestellt. Unter seiner Naturrinde verbirgt sich ein fester, leuchtendgelber Teig. Er hat ein buttriges Aroma mit Nuancen von Wein und Nüssen und schmeckt auch feinsäuerlich und würzig. Bei der geräucherten Variante ist der Teig noch um einiges härter.

Tyning: In Timsbury bei Bath produziert Mary Holbrook diesen erstklassigen Käse aus Schafrohmilch.

Amerikanischer Pecorino: Bei der La Paysanne Inc. in Hayward, Minnesota, erzeugen Lucie und Roger Steinkamp eine halbfeste und milde Pecorino-Variante und einen ähnlichen Käse mit einem Jahr Reifungszeit, der auch geräuchert angeboten wird. Eine ernsthafte Konkurrenz stellt außerdem der Idaho Goatster von der Firma Rollingstone Chèvre in Idaho dar.

Picodon

Südfrankreich

Im Süden Frankreichs trifft man allerorts auf eine der zahlreichen Varianten dieser würzigen kleinen Ziegenkäse. Die meist runden Laibchen wiegen zwischen 80 und 100 g und werden in verschiedenen Reifestufen angeboten. Ein besonderer Genuß sind die ursprungsgeschützten Käse dieses Typs: der Picodon de l'Ardèche und der Picodon de la Drôme. Von Kuhmilch-Varianten aus den Großkäsereien der Region sollte man besser die Finger lassen

Der Picodon hat eine dünne Naturrinde und einen weißen Teig. Mit zunehmender Reife verstärkt sich der Geschmack und bekommt eine sehr würzige, nußartige Note. Junge Käselaibchen werden manchmal pikiert und in Eau de vie, Wein oder Öl mit Kräutern eingelegt.

Picodon ißt man mit Weißbrot und Früchten. Man kann ihn ganz im Ofen backen und auf Salatblättern, mit in Balsamessig eingeweichten Rosinen und gerösteten Pinienkernen garniert, servieren.

Milch	Ziegenmilch
Käsetyp	halbfester Ziegenweichkäse
Fettgehalt	45 % Fett i. Tr.
Reifezeit	1 bis 6 Wochen
Geschmack	würzig bis kräftig ausgeprägt
Wein	Côtes de Provence

Pont l'Évêque

Nordwestfrankreich

Dieser würzige Käse wird noch immer nach jahrhundertealter Tradition auf den Bauernhöfen des Pays d'Auge in der Normandie hergestellt. Die Rohmilch-Variante, gekennzeichnet durch den Zusatz *fermier* oder *au lait cru*, ist häufig auf Wochenmärkten zu finden. Daneben gibt es den Pont l'Évêque auch als Fabrikkäse von recht guter Qualität, erzeugt aus pasteurisierter Kuhmilch.

Typisch für den Pont l'Évêque ist die quadratische Form, die dadurch zustande kommt, daß der Käsebruch in Blöcke und nicht, wie sonst oft üblich, in kleine Körner zerteilt wird. Jeder dieser Blöcke ergibt einen Käse. Nach dem Abtropfen kommen diese in viereckige Formen, werden mit Salz eingerieben und dann in feuchten Reifekellern gelagert.

Milch	Kuhmilch
Käsetyp	Weichkäse (Rotschmierekäse)
Fettgehalt	45 bis 50 % Fett i. Tr.
Reifezeit	6 bis 8 Wochen
Geschmack	würzig bis sehr kräftig
Wein	Rioja reserva oder Calvados

Während die Käse reifen, werden sie regelmäßig mit einer schwachen Salzlösung abgerieben. Dadurch färbt sich die Rinde gelblichbraun und bildet das typisch kräftige, volle Aroma aus, das dem Käse eindeutig einen Platz unter den zehn heftigsten »Stinkern« Frankreichs garantiert.

Optimal gereift, ist der Käseteig schön gelb und geschmeidig, ja etwas speckig und weist eine sparsame Lochung auf. Das kräftige

Aroma der Rinde erinnert »an Kuhstall«, der mildere, im Aroma fast nußartige Teig schmeckt würzig mit grasig-herben und buttrigen Noten.

Servieren Sie den Pont l'Évêque als Käsegang mit Trauben und Kräckern. Er schmeckt ausgezeichnet auf gebackenen Kartoffeln oder in einem Schmortopf, geschichtet mit Zwiebeln, Kartoffeln und Pilzen.

Oben: *Kartoffel-Pilz-Auflauf*

VARIANTEN

Pavé d'Auge oder Pavé de Moyaux: Etwas größere, pikantere Varianten des Pont l'Évêque, die länger – meist drei bis vier Monate – gereift werden. Der feste Teig ist von vielen kleinen, ovalen Löchern durchsetzt. Der Käse schmeckt zuweilen recht bitter.

Calvador: Handelsname einer milderen Pont l'Évêque-Variante, die in kleinen runden Laiben hergestellt wird.

Vieux Pane: Ein Erzeugnis, das vage auf dem Pont l'Évêque basiert. Der quadratische Käse hat eine orangefarbene, gewaschene Rinde, auf der die Form ein Zickzackmuster hinterlassen hat, und einen blaßgelben Teig, der bei zu langer Lagerung zu fließen beginnt. Der kräftige Geschmack ist nicht so aromatisch wie beim Pont l'Évêque.

Port Salut

Nordostfrankreich

Der Port-du-Salut oder kurz Port Salut hat seinen Ursprung in der Bretagne, und zwar in der Abtei Notre-Dame de Port-du-Salut bei Entrammes. 1938 ließ man den Namen als Warenzeichen eintragen, um ihn vor Nachahmern zu schützen. Nach Ende des Zweiten Weltkriegs verkauften die Mönche den Handelsnamen dann an einen großen Käseproduzenten. So wird der Käse heute in Lothringen hergestellt, während die Mönche der Abtei ihren eigenen Käse nun als Entrammes auf den Markt bringen.

Der in runden Laiben mit einem Durchmesser von 20 cm und einer Höhe von 8 cm hergestellte Käse hat eine gelbbraune, gewaschene Rinde und einen glatten, elastischen Teig von gelber Farbe. In Aroma und Geschmack ist er relativ mild mit einer Spur nußartiger Würze.

Man reicht ihn gewürfelt mit Früchten oder Gemüse-Rohkost, aber auch überbacken auf einem Steak-Sandwich schmeckt er ausgezeichnet.

Rechts: *Steak-Sandwich mit Port Salut*

VARIANTEN

Saint-Paulin: ursprünglich eine der ersten Kopien des Port Salut, heute ein fabrikmäßig hergestellter Tafelkäse mit 20 bis 22 cm Durchmesser, 4 bis 6 cm Höhe; weitgehend identisch mit dem Port Salut

Père Joseph: Ein belgischer Fabrikkäse, der dem Port Salut nachempfunden ist. Seine Rinde ist von einer schwarzen Wachsschicht überzogen, der blaßgelbe Teig von vielen kleinen Löchern durchsetzt. Im Geschmack ist er angenehm kräftig und eine Spur nußartig.

Oka: Einst ein Klosterkäse, der Ende des 19. Jahrhunderts von den nach Kanada ausgewanderten bretonischen Mönchen in einer bei Oka, unweit von Montreal gelegenen Abtei hergestellt wurde. Heute wird der Käse von Kanadas größter Molkereigenossenschaft erzeugt, aber immer noch in den Kellern der Abtei gereift. Er schmeckt weitaus aromatischer als das französische Original.

Ridder: Ein relativ neuer Käse aus Skandinavien nach Art des Saint-Paulin. Der in Radform hergestellte Ridder hat eine orangefarbene, gewaschene Rinde und einen tiefgelben, geschmeidigen, aber trotzdem gut schneidbaren Teig. Er schmeckt angenehm nußartig.

Trappistenkäse: Allgemeine Bezeichnung für die einst in Trappistenklöstern hergestellten Käsesorten. Allein in Frankreich gibt es mehr als zehn derartige Käse, u. a. den Port Salut und den Saint-Paulin. Auch in Deutschland und Österreich kennt man Trappistenkäse, wenn auch in unterschiedlicher Beschaffenheit und Größe.

Milch	Kuhmilch
Käsetyp	halbfester Schnittkäse
Fettgehalt	45 % Fett i. Tr.
Reifezeit	1 Monat
Geschmack	mild-würzig
Wein	Bergerac oder Valpolicella

Provolone

Süditalien

Provolone ist der beliebteste Käse im Süden Italiens. Es handelt sich dabei um einen Filata-Käse wie Mozzarella, nur daß der Provolone im Gegensatz zu diesem nicht frisch verzehrt, sondern nach dem Salzbad zum Trocknen und Reifen aufgehängt wird. Dadurch entsteht natürlich ein völlig anderer Käse.

Seiner formbaren Käsemasse entsprechend, wird der Provolone in allerlei Formen und Größen angeboten. Für die Verwendung als Tafelkäse kommt er bereits im Alter von zwei bis drei Monaten in den Handel, gängiger ist jedoch eine Reifungszeit von sechs Monaten.

Junger Provolone ist mild und fein-würzig. Bei älteren Exemplaren ist der cremefarbene Teig bereits deutlich nachgedunkelt und zeigt die typischen Risse. Ein gut durchgereifter Provolone hat ein ausgeprägt würziges Aroma, das an Salatblätter und Zitrone erinnert, und schmeckt vollmundig und kräftig. Die angenehm würzigen Noten finden sich auch im Geschmack wieder.

Jungen Provolone serviert man aufgeschnitten mit anderen Käsesorten auf einer Platte. Mit Tomatenscheiben und Zwiebelringen bietet er sich als Brotbelag an. Älterer Provolone läßt sich gut reiben und ist somit bestens zum Kochen geeignet, z. B. für Gnocchi.

Milch	Kuhmilch
Käsetyp	Hartkäse bzw. Filata-Käse mit Naturrinde
Fettgehalt	mind. 44 % Fett i. Tr.
Reifezeit	2 Monate bis 2 Jahre
Geschmack	mild bis kräftig
Wein	Chianti classico

VARIANTEN

Burrini, Butirro und Burri: Regionale Bezeichnungen für die kleinen ovalen Provolone-Käse mit der typischen Einschnürung (*chignon*) am oberen Ende. Manchmal werden sie geräuchert oder um ein Stückchen Butter oder Butter-Zucker-Paste geformt. Diese Varianten werden sowohl frisch als auch gereift verzehrt.

Burrata: Größer als Burrini, in der Herstellung aber ähnlich. Bei dieser süditalienischen, wie ein kleiner Luftballon geformten Spezialität ist in der Käsemasse ein Gemisch aus Mozzarella und Sahne eingeschlossen. Die Provolone-Kugeln sind mit Raffiabast umwickelt und fest verschnürt. Burrata wird in der Regel frisch verzehrt.

Caciocavallo: Birnenförmiger Hartkäse, der nach einer ähnlichen Rezeptur wie Provolone hergestellt wird.

Provolone piccante: Provolone mit mindestens einjähriger Reifungszeit und kräftigem, fast scharfem Geschmack

Amerikanischer Provolone: Die meisten amerikanischen Erzeugnisse sind sandfarben, geschmeidig und mild und erinnern eigentlich mehr an fabrikmäßig erzeugten Mozzarella als an echten Provolone. Eine rühmliche Ausnahme bildet das Produkt des Familienunternehmens BelGioioso Cheese Inc. in Denmark, Wisconsin. Dessen Angebot umfaßt einen sieben Monate alten »scharfen« Provolone und einen »extrascharfen« Provolone, der über ein Jahr gereift ist.

Pastorello: Ein australischer Filata-Käse von der Donnybrook Farm in Victoria, der als Hartkäse angeboten wird; im Geschmack ist er kräftig und pikant.

Pyrenäenkäse

Südwestfrankreich

Pyrenäenkäse im ursprünglichen Sinne sind die in diesem Gebiet aus reiner Schafmilch hergestellten Käse, meist aus bäuerlicher Produktion (s. auch S. 173). Seit sich in den tiefer gelegenen Regionen einige Großkäsereien etabliert haben, steht der Name jedoch meist für die dort aus Kuhmilch erzeugten Käse, die durchweg recht mild und eher uninteressant schmecken.

Die Käse werden in zylindrischer Form mit mehr oder weniger abgerundeten Kanten hergestellt. Ihr fester, aber noch geschmeidiger Teig hat eine weißliche bis gelbliche Farbe und ist von kleinen Löchern durchsetzt. Die Rinde ist verschiedenartig eingefärbt oder gewachst. Alle unter die Sammelbezeichnung »Fromage des Pyrénées« fallenden Käse sind sehr mild.

Milch	Kuhmilch
Käsetyp	Schnittkäse/Halbhartkäse
Fettgehalt	50 % Fett i. Tr.
Reifezeit	mindestens 1 Monat
Geschmack	mild
Wein	Chablis oder Chardonnay

Pyrenäenkäse ist unter diversen Markennamen bekannt, etwa als Doux de Montagne (mit brauner Wachsschicht), Saint Albray (Weichkäse mit orangerötlicher Rinde), Lou Palou oder Le Capitoul. Servieren Sie Pyrenäenkäse, in Scheiben geschnitten, mit anderen Käsesorten. Feine Käsestreifen schmecken gut an Salaten. Der Käse verleiht Fischpasteten und diversen Käsespeisen eine angenehme Würze.

Raclette

Schweiz

Raclette ist abgeleitet vom französischen *racler*, zu deutsch »schaben«, und bezieht sich auf Käse, die für die Zubereitung des gleichnamigen Schweizer Käsegerichts geschmolzen werden. Die ursprünglich aus dem Kanton Wallis stammenden Bergkäse werden heute in der gesamten Schweiz produziert.

Raclette-Käse wird als Rad – etwa halb so groß wie Greyerzer – hergestellt. Der elfenbeinfarbene bis gelbliche Teig ist so zart und cremig, daß er fast schon im Mund zerfließt. Sein Aroma erinnert an eine Mischung aus Kuhstall, Wein und Früchten. Im Geschmack ist er mild-würzig bis aromatisch, mit zunehmender Reife ausgeprägt würzig.

In der Schweiz ißt man den Käse gewöhnlich nicht roh, trotzdem schmeckt er ausgezeichnet als Tafelkäse, z. B. mit luftgetrocknetem Schinken. Geschmolzen ergibt Raclette-Käse die herrlich samtige Masse für das berühmte Schweizer Traditionsgericht.

Milch	Kuhmilch
Käsetyp	Schnittkäse/Halbhartkäse
Fettgehalt	mind. 45 % Fett i. Tr.
Reifezeit	2 bis 3 Monate
Geschmack	aromatisch bis kräftig würzig
Wein	Beaujolais

Reblochon

Nordostfrankreich

Lange Jahre war die Existenz dieses Käses im Département Haute-Savoie ein gut gehütetes Geheimnis. Erzeugt wurde er nämlich aus der nachgemolkenen Milch, die den Steuereintreibern bei ihren unangekündigten Besuchen zur Ermittlung der Milchmengen und der daraus zu leistenden Abgaben vorenthalten wurde. Um die Abgaben möglichst gering zu halten, wurden die Kühe nie ganz ausgemolken, sondern erst, wenn der unliebsame Besuch wieder gegangen war. Aus dieser nachgemolkenen (frz. *reblocher*) Milch wurde dann der Reblochon hergestellt.

Milch	Kuhmilch
Käsetyp	Weichkäse (Rotschmierekäse)
Fettgehalt	mind. 45 % Fett i. Tr.
Reifezeit	7 bis 8 Wochen
Geschmack	mild, würzig
Wein	roter Bordeaux

Heute wird der Reblochon auch aus pasteurisierter Kuhmilch erzeugt. Die flachen Laibe mit einem Gewicht von etwa 250 und 500 g haben eine blaßrosa oder auch safrangelbe Rinde, die während der Reifung regelmäßig mit Sahne abgewaschen wird. Der blaßgelbe Teig mit kleiner Lochung ist bei jungem Käse noch schnittfest, dabei geschmeidig, im vollreifen Zustand jedoch fast zerfließend. Er hat ein recht kräftiges Aroma, schmeckt aber mild und fruchtig-würzig. Man serviert ihn als separaten Käsegang mit Stangensellerie oder Radieschen und reicht dazu einen leichten, trockenen Bordeaux. Der Käse schmeckt aber auch paniert und fritiert zusammen mit Fruchtchutney.

Ricotta

Italien

Ricotta ist ein Nebenprodukt der italienischen Käse-Industrie. Er wird aus der Molke hergestellt, die sich beim Dicklegen der Milch abgetrennt hat. Lange Zeit wußte man nicht, wie man sie entsorgen sollte, fand dann aber heraus, daß sich das Molkeneinweiß durch Erhitzen zu einer quarkähnlichen Masse verbindet. Läßt man diese Masse abtropfen, erhält man Ricotta.

Ricotta kommt als Frischkäse mit leicht krümeliger Struktur auf den Markt. In seiner italienischen Heimat wird er oft in besonderen Körbchen geformt und lose angeboten. Der milde Käse hat einen feinen, leicht säuerlichen Milchgeschmack.

Servieren Sie Ricotta mit einer guten Prise Salz und Pfeffer und garniert mit frischen Kräutern oder Beerenfrüchten. Er schmeckt auch gut mit Krabben als Brotbelag oder aber zu Melone und Schinken. In der italienischen Küche wird er gern an Nudelgerichte gegeben.

Milch	Kuh-, Schaf- und Ziegenmilch und Molke
Käsetyp	Frischkäse bzw. Molkeneiweißkäse
Fettgehalt	20 bis 30 % Fett i. Tr.
Reifezeit	keine
Geschmack	mild
Wein	Sekt oder Champagner

Robiola

Norditalien

Robiola ist eine Sammelbezeichnung für recht verschiedene runde, meist kleine Frischkäse aus der für ihre Schaumweinproduktion berühmten Region Asti in Piemont. Einer der bekanntesten Käse kommt aus dem Städtchen Roccaverano am Fuße der Alpen. Die Milch stammt – je nach Verfügbarkeit – von Kühen, Schafen und Ziegen aus der Region.

Die mehr oder weniger runden Käse werden in Papierverpackung angeboten. Kleinere Exemplare sind unter der Bezeichnung Robiolina bekannt. Als Frischkäse sind sie ohne Rinde, weich und feucht sowie von schneeweißer Farbe. Typisch ist das feine Milcharoma mit der leicht zitronigen Note, die sich auf der Geschmacksebene zu einer angenehmen Säure verstärkt. Robiola ist meist recht salzig. Gelegentlich werden die Käselaibe mit Senf eingerieben und drei Wochen gereift. In dieser Zeit entwickeln sie einen relativ pikanten und ausgeprägten Geschmack.

Milch	Kuhmilch
Käsetyp	Frischkäse
Fettgehalt	50 % Fett i. Tr.
Reifezeit	keine
Geschmack	recht salzig
Wein	Prosecco

Robiola ist der ideale Streichkäse für Brot und Knäckebrot, paßt aber auch gut zu Salaten, die frisches Obst enthalten. In der warmen Küche nutzt man seine sahnige Konsistenz zum Verfeinern von Suppen, Saucen und Nudelgerichten.

Roquefort

Mittelfrankreich

Die Geschichte des berühmten französischen Blauschimmelkäses läßt sich weit zurückverfolgen. Schon vor fast 2000 Jahren war er den alten Römern bekannt. Im Jahre 1411 erteilte Karl V. den Bewohnern von Roquefort das Monopol für die Käsereifung in den Felshöhlen des Bergmassivs Combalou, und die damals erlassenen Schutzbestimmungen besitzen noch heute Gültigkeit.

Roquefort, der aus unpasteurisierter Schafmilch hergestellt wird, hat inzwischen solche Popularität erlangt, daß die heimischen Schafe nicht mehr genügend Milch liefern, um die Nachfrage zu decken. Auf Korsika produzierter Käse wird aufs Festland gebracht, um in den Höhlen von Roquefort zu reifen.

Die zylinderförmigen Käse mit einem Gewicht von 2,5 bis 2,9 kg haben praktisch keine Rinde und kommen, in Zinnfolie eingewickelt, zum Verkauf. Der weiche, oft bröckelige Teig ist elfenbeinfarben und von graugrünen Pilzadern gleichmäßig durchzogen. Einzigartig ist sein Milcharoma mit Nuancen von Nuß und fruchtigen Rosinen. Roquefort ist sehr

Rechts: *Salat mit Roquefort-Dressing*

pikant und voller Würze. Für den französischen Markt erzeugter Käse ist meist weniger salzig als die Exportware.

Roquefort ißt man am besten pur mit Selleriestangen oder Trauben, oder man bietet ihn mit anderen Sorten auf der Käseplatte an. Man kann Roquefort auch mit Baguette und Tafelbirnen oder mit Vollkornbrötchen und Brunnenkresse reichen. Ideal ist der Käse für alle Zubereitungen, die nach Blauschimmelkäse verlangen.

Ein krümeliger Rand oder wenig Schimmel zeugen nicht gerade von guter Qualität. Erstklassiger Roquefort ist besonders gekennzeichnet, z. B. mit dem Zusatz »Surchoix« oder »Selectionné par la Confrère des Chevaliers du Taste Fromage de France«. In Folie eingewickelt, bleibt der Käse im Gemüsefach des Kühlschranks lange frisch.

Roquefort ist zwar nicht kompliziert herzustellen, erfordert aber größte Sorgfalt während der Reifung. Die Herstellung beginnt damit, daß der Käser die Morgenmilch und die Abendmilch vom Vortag zusammengießt. Diese Mischung wird dann mit Lab dickgelegt. Zwei Stunden später wird der Bruch zerteilt und zum Ablaufen der Molke in perforierte Formen geschöpft. In diesem Stadium wird dem Käsebruch der Schimmelpilz *Penicillium Roqueforti* zugefügt.

Nach einer Woche in einem speziellen Reifungsraum, wo der Käsemeister die Käseformen regelmäßig wendet, werden die Laibe behutsam aus der Form genommen und in die Höhlen von Combalou gebracht. Hier werden sie dann gesalzen und pikiert, damit die feuchte Höhlenluft mit dem Sauerstoff eindringen kann. Nach etwa drei Wochen werden die Laibe in Zinnfolie verpackt und zur weiteren Reifung in die dunkleren und kühleren Abschnitte der Höhlen gebracht, wo sie drei Monate oder länger verbleiben.

Die Felshöhlen sind seit dem 17. Jahrhundert in ihrem jetzigen Zustand. Frische Luft dringt durch die zahlreichen, *fleurines* genannten Felsspalten ein. Somit ist für ein optimales Reifungsklima – konstante Temperaturen und eine 95prozentige Luftfeuchtigkeit – gesorgt.

Milch	Rohmilch von Schafen
Käsetyp	halbfester Blauschimmelkäse
Fettgehalt	mind. 52 % Fett i. Tr.
Reifezeit	3 bis 6 Monate
Geschmack	aromatisch pikant
Wein	Châteauneuf-du-Pape oder Sauternes

REZEPT

Nudeln mit Roquefort und Walnüssen

Frische Nudeln kochen, gründlich abtropfen lassen und warm halten. Roquefort und süße Sahne zu gleichen Teilen in einen Topf geben und behutsam erhitzen; währenddessen darauf achten, daß der Käse nicht am Topfboden ansetzt. Sobald der Käse geschmolzen ist, die Mischung bis knapp unter den Siedepunkt erhitzen. Über die heißen Nudeln gießen, mit einer Handvoll gehackter Walnüsse und frisch gemahlenem schwarzem Pfeffer bestreuen und alles gründlich vermengen.

Sainte-Maure

Mittelfrankreich

Dieser schöne kleine Ziegenkäse in Rollenform wird sowohl im Poitou als auch in der Touraine hergestellt. Dem ursprungsgeschützten Sainte-Maure de Touraine verleiht ein durch die Mitte gestochener Strohhalm den nötigen Halt.

Der Käse hat eine weiße Schimmelrinde, die mit zunehmender Reife härter wird und sich bläulich verfärbt. Der Teig ist fest, aber streichfähig und schmeckt schon jung »nach Ziege«. Diese Geschmacksnote wird mit zunehmendem Alter stärker.

Sie können diesen Ziegenkäse auf einer Käseplatte anbieten oder allein mit knusprigem Brot und Tomaten. Suppen und Saucen verleiht er einen feinsäuerlichen Geschmack. Durch Erhitzen wird das ausgeprägte »Ziegenaroma« erstaunlicherweise abgemildert.

Milch	Ziegenmilch
Käsetyp	Weichkäse
Fettgehalt	mind. 45 % Fett i. Tr.
Reifezeit	2 bis 8 Wochen
Geschmack	würzig
Wein	Chinon

VARIANTEN

Sainte-Maure Cendre: die in Asche gerollte Variante des Sainte-Maure

Ragstone: ein englischer Ziegenkäse in Rollenform, ähnelt dem Sainte-Maure

Saint-Nectaire

Mittelfrankreich

Trotz AOP-Status wird dieser seit Jahrhunderten im französischen Zentralmassiv hergestellte Käse heute aus pasteurisierter Kuhmilch in der Fabrik erzeugt. Das hat unweigerlich zu Geschmackseinbußen geführt, da die Bakterien, die dem Käse seinen unvergleichlichen Geschmack verleihen, hier keine Chance haben

Der Käse wird in runden, flachen Laiben mit einem Gewicht von etwa 0,6 und 1,7 kg hergestellt. Seine dünne, leicht graue Rinde ist mit weißen, gelben und manchmal sogar roten Schimmelflecken bewachsen. Typisch für den Saint-Nectaire fermier (aus bäuerlicher Produktion) ist sein fruchtiges, grasiges Aroma und sein milder, leicht erdiger Geschmack. Fabrikkäse dagegen sind modrig im Geruch und mild im Geschmack.

Saint-Nectaire paßt gut auf eine Käseplatte. In Scheiben geschnitten und mit französischer Hartwurst ist er der ideale Brotbelag.

Milch	Kuhmilch
Käsetyp	halbfester Schnittkäse mit Naturrinde
Fettgehalt	45 % Fett i. Tr.
Reifezeit	2 Monate
Geschmack	mild bis würzig
Wein	Côtes du Rhône

Samsø

Dänemark

Der ursprünglich dem Schweizer Emmentaler nachempfundene Samsø (auch: Samsoe) ist heute ein Käse mit ganz eigenem Charakter. Der einstige Bauernkäse und seine zahlreichen Varianten kommen inzwischen alle aus der Molkerei.

Wie früher wird er in flachen, runden Laiben, zunehmend aber auch in Blockform produziert. Der Käse hat eine goldgelbe, trockene Rinde, die meist von einer gelben Wachsschicht überzogen ist. Der blaßgelbe Teig mit der sparsamen, kirschgroßen Lochung ist weicher als beim Emmentaler, zuweilen auch etwas schwammig.

Junger Samsø schmeckt recht mild und nußartig. Je weiter der Käse reift, desto würziger wird er, ohne dabei jedoch an die geschmackliche Vielfalt des Emmentalers heranzureichen. Samsø ist der geeignete Käse für alle, die keinen allzu kräftigen Geschmack mögen. Deshalb sind seine Einsatzmöglichkeiten in der Küche nahezu unbe-

Milch	Kuhmilch
Käsetyp	Schnittkäse/Halbhartkäse
Fettgehalt	30 und 45 % Fett i. Tr.
Reifezeit	3 bis 6 Monate
Geschmack	mild, nußartig
Wein	leichter, roter Vin de Pays

grenzt. In Scheiben geschnitten läßt er sich gut mit anderem Käse-Aufschnitt kombinieren und ist ein köstlicher Brotbelag, insbesondere in Kombination mit Obst und Pickles. Für Salate wird der Käse in feine Streifen geschnitten: Zusammen mit gehacktem Schinken, Cornichons und Stangensellerie ergibt dies eine wohlschmeckende Mischung. Samsø schmilzt gut und zieht etwas Fäden, doch gerade dieser Umstand prädestiniert ihn zum Überbacken von Sandwiches, Spargel-Toasts oder pochierten Eiern.

VARIANTEN

Danbo: Ein relativ milder Vertreter aus der Familie der Steppenkäse, manchmal unter Zusatz von Kümmel, wodurch der Käse aromatischer wird.

Elbo: eine blockförmige Variante des Samsø mit rotem Wachsüberzug

Fynbo: Kleiner und milder als der Samsø und sparsamer in der Lochung. Er verdankt seine Berühmtheit vor allem der Tatsache, daß er von der Insel Fünen, der Heimat von Hans Christian Andersen, stammt.

Sovind: Neue, nach einem klassischen Danbo-Rezept, jedoch ohne Bakterienkultur hergestellte Käsesorte, die mit dem dänischen Höhlenkäse (s. S. 89) vergleichbar ist. Der Käse reift in einem Lager, das von den salzigen Nordseewinden profitiert. Der Teig ist etwas fester als bei den meisten dänischen Gelbkäsen und von vielen kleinen Löchern durchsetzt. Geschmacklich erinnert der Sovind eher an einen milden Cheddar.

Tybo: ein dem Elbo vergleichbarer Käse, jedoch mit kleinerer Teiglochung

Schabziger

Ostschweiz

Der Geschmack dieses blaßgrünen Käses aus dem Kanton Glarus ist etwas gewöhnungsbedürftig. Schabziger wird aus entrahmter Milch und Buttermilch hergestellt. Sein charakteristisches Aroma erhält er durch den in der Region heimischen Bockshornklee.

Der Schabziger ist unter verschiedenen Namen bekannt. In der französischen Schweiz heißt er »Sapsago«, in der deutschsprachigen Schweiz auch »Kräuterkäse« oder einfach nur »grüner Käse«. Schabziger in der typischen Kegelform (»Stöckli«) wiegt etwa 100 g. Im Geschmack erinnert dieser extem harte Reibekäse an Salatblätter, Salbei und einen Kräutermix. Er wird vor allem als Würzkäse verwendet.

Milch	entrahmte Milch und Buttermilch
Käsetyp	harter Sauermilchkäse
Fettgehalt	3 % Fett i. Tr.
Reifezeit	keine
Geschmack	sehr kräftig, pikant
Getränk	Bier

Sbrinz

Schweiz

Dieser extraharte Bergkäse, der außerhalb der Schweiz kaum bekannt ist, reift fast doppelt so lange wie Greyerzer. Er ähnelt stark den italienischen Grana-Käsen und ist auch ohne Kühlung recht lange haltbar.

Der Sbrinz, der in großen, flachen Laiben mit einem Gewicht von 20 bis 45 kg hergestellt wird, hat eine dicke goldbraune Rinde und einen sehr harten, körnigen Teig. Das Aroma ist ausgesprochen würzig mit kräftigen Kaffee- und Schokoladennoten und einer Spur Zitrone. Typisch ist sein voller Geschmack mit feinen Röstaromen.

Junger Sbrinz schmeckt ausgezeichnet, wenn man ihn in hauchdünne Späne hobelt und zum Aperitif serviert. Gerieben ist er ideal für warme Speisen, denen er eine pikante Würze verleiht. In der Schweiz sorgt er auf einem klassischen Nudel-Kartoffel-Auflauf für eine schöne goldgelbe Kruste.

Milch	Rohmilch von Kühen
Käsetyp	Extrahartkäse
Fettgehalt	45 % Fett i. Tr.
Reifezeit	2 bis 3 Jahre
Geschmack	herzhaft und pikant
Wein	Elsässer Pinot blanc

Selles-sur-Cher

Mittelfrankreich

Dieser kleine Ziegenkäse ist im Loire-Tal beheimatet, genauer in Selles-sur-Cher, einer Ortschaft unweit von Orléans. Aus der Gegend kommen zwar viele Ziegenkäse, aber im Unterschied zu den anderen hat der Selles-sur-Cher stets einen Belag aus Asche.

Der ursprungsgeschützte Käse wird in kleinen, 150 g schweren Laibchen hergestellt. Bei jungem Käse ist der schneeweiße Teig noch weich und feucht und schmeckt mild und nußartig, mit fortschreitendem Alter wird er fest. Während der Reifung entwickelt sich unter der Ascheschicht ein anfangs weißlicher, dann bläulicher Schimmel.

Servieren Sie den Selles-sur-Cher mit anderen Käsesorten oder verwenden Sie ihn als Aufstrich für Brot oder Kräcker. Pur schmeckt er exzellent zu Obst und Salat. Mit jungem Käse füllt man frische Feigen oder man reicht ihn mit einer Rosmarin-Vinaigrette.

Milch	Ziegenmilch
Käsetyp	fester Weichkäse
Fettgehalt	mind. 45 % Fett i. Tr.
Reifezeit	3 bis 4 Wochen
Geschmack	mild
Wein	Sancerre

Shropshire Blue

England

Dieser noch relativ neue Käse hat mit der Grafschaft Shropshire außer dem Namen nichts gemein. Der ursprünglich in Schottland entwickelte Käse wird mittlerweile von diversen Stilton-Käsereien produziert.

Der Shropshire Blue wird in Form mittelgroßer Zylinder hergestellt. Unter seiner rauhen, braunen Rinde verbirgt sich ein orangeroter Teig mit kräftiger Marmorierung. Die Konsistenz ist cremig-fest, aber auch etwas krümelig. Charakteristisch sind sein säuerliches, fast weinartiges Aroma mit Nuancen von Orangen und Zitronen und der leicht süßliche Nachgeschmack.

Mit seinem imposanten Aussehen verschönert dieser Käse jede Käseplatte, aber auch »solo« macht er sich gut. Sparsam verwendet, bringt er Farbe und Würze an Ofenkartoffeln und Cordon bleu.

Milch	Kuhmilch
Käsetyp	halbfester Blauschimmelkäse
Fettgehalt	48 bis 55 % Fett i. Tr.
Reifezeit	3 Monate
Geschmack	aromatisch bis kräftig
Wein	roter Bordeaux (Claret)

Stilton

Mittelengland

Leider gibt es heute keinen Rohmilch-Stilton mehr, denn inzwischen ist auch der kleinste Produzent zur Verwendung von pasteurisierter Milch übergegangen. Damit haben technisierte Produktionsformen die traditionelle Käseherstellung weitgehend verdrängt. Doch der Käse schmeckt noch immer ausgezeichnet, vielleicht nur etwas milder.

Der Stilton ist nach dem gleichnamigen Ort in Mittelengland benannt, auch wenn er nie dort hergestellt wurde. Gleichwohl stammt er aus der näheren Umgebung und wird noch immer in den Grafschaften Derbyshire, Leicestershire und Nottinghamshire erzeugt. Der in Großbritannien als »König der Käse« bezeichnete Stilton ist als Warenzeichen über die Stilton Cheesemakers' Association geschützt. Derzeit gehören der Vereinigung fünf Mitglieder und ein weiterer Produzent an.

Milch	Kuhmilch
Käsetyp	halbfester Blauschimmelkäse
Fettgehalt	48 bis 55 % Fett i. Tr.
Reifezeit	3 bis 18 Monate
Geschmack	kräftig
Wein	Portwein

Der in Form großer Zylinder hergestellte Käse hat eine dicke, runzlig-feste Rinde von gewöhnlich graubrauner Farbe und ist stellenweise von weißlichem Schimmel überzogen. Bei jungem Stilton ist der elfenbeinfarbene Teig mit der blauen Marmorierung noch recht bröckelig, wird aber im Alter weicher und dunkelt auch nach. Mit zunehmender Reife breitet sich das Pilzgeflecht immer stärker von der Mitte zum Rand hin aus und färbt sich leuchtend blaugrün.

Der Käse hat ein ausgeprägt nußartiges Aroma und schmeckt angenehm fruchtig und würzig nach Nüssen. Mit fortschreitendem Alter wird der Käse immer pikanter.

Frühestens nach dreimonatiger Reife kommt der Stilton zum Verkauf, manche Käselaibe reifen jedoch wesentlich länger. Der beste Stilton wird im Sommer produziert und in der Zeit von September bis Weihnachten verkauft. Auch wenn die Wahl des richtigen Reifegrads eine Frage des persönlichen Geschmacks ist, empfiehlt es sich, gut durchgereifte Laibe auszuwählen.

Der Stilton ist ein vorzüglicher Dessertkäse, der in England traditionell mit Portwein gereicht wird. Ehedem wurde der mit Nadeln durchstochene Käselaib sogar mit Portwein übergossen. Man schneidet dicke Scheiben von oben nach unten ab und zerteilt diese in keilförmige Stücke.

Mit Brot und Pickles ist der Käse ein schmackhafter Imbiß. Er schmeckt als Brotbelag, als Zutat in Salaten und Füllmassen für gebackene Kartoffeln. Zum Reiben ist der Käse weniger geeignet, dafür schmilzt er aber gut in Suppen und Saucen. Vermischt mit Butter, Brandy und einer Prise Muskatnuß, ergibt der Stilton eine köstliche Würzpaste für gegrillte Steaks und Koteletts.

Oben: *Zerkrümelter Stilton auf Salat*

Im Käsegeschäft läßt man sich Stilton am besten von einem ganzen Laib geben. Am Stück gekauften Käse teilt man in handliche Portionen, wickelt sie erst in Frischhaltefolie, dann in Alufolie und friert die Stücke ein. Vor dem Servieren läßt man den Käse 24 Stunden außerhalb des Kühlschranks auftauen. Geschmackliche Beeinträchtigungen lassen sich dabei allerdings nicht vermeiden.

Stilton wird inzwischen nur noch aus pasteurisierter Milch unter Verwendung einer Starterkultur mit anschließender Labzugabe hergestellt. Sobald sich die dickgelegte Milch gesetzt hat – was nach einigen Stunden der Fall ist –, wird die Gallerte kreuz und quer mit

REZEPT

Gefüllte Pilze

4 oder 5 feingehackte Schalotten in reichlich Butter anbraten. 140 g Weißbrot zerkrümeln und mit den Schalotten und 115 g zerbröckeltem Stilton mischen. Mit gehacktem frischem Salbei, Petersilie, Salz und Pfeffer würzen. Die Masse in vorbereitete Pilzhüte, z. B. Champignons (etwa 300 g) füllen. Diese Pilzhüte auf ein Backblech setzen und bei 170 °C etwa 35 Minuten im vorgeheizten Ofen backen.

VARIANTEN

White Stilton: Gelegentlich kann man auch diesen jungen, nur kurz gereiften Käse noch ohne Schimmelwachstum finden. Gute Exemplare schmecken angenehm säuerlich nach Zitrone, schlechte Produkte haben fast überhaupt keinen Geschmack.
Flavoured Stilton: Es gibt eine Reihe von Käsekompositionen, für die Stilton mit anderen Käsesorten, z. B. Cheddar, sowie allerlei würzenden Zutaten wie eine Torte geschichtet wird. Im Prinzip ist dies eine Art Resteverwertung für minderwertigen Stilton.
Jumbunna: ein australischer Blaukäse nach Art des Stilton, hergestellt bei Top Paddock Cheeses in Bena, Victoria

einer Käseharfe in lange Bänder oder aber in Würfel geschnitten. Nachdem der Bruch eine Weile geruht hat, werden die Schimmelpilzkulturen zugesetzt.

Im nächsten Stadium wird der Bruch in große Abtropfbecken umgefüllt, wo er die nächsten 24 Stunden verbleibt, bis er dann zunächst in Blöcke zerteilt und anschließend von Hand auf Tennisballgröße zerkleinert wird. Sobald die Molke abgetropft ist, wird der Käsebruch von Hand geschnitzelt und gesalzen. Wichtig dabei ist, daß das Salz gleichmäßig im Bruch verteilt wird. Der gesalzene Bruch wird anschließend in runde Formen gefüllt und regelmäßig gewendet, bis er aus der Form gelöst und zum Reifen ins Käselager gebracht werden kann. Dort wird er zwei- oder dreimal pikiert, um das Schimmelwachstum zu fördern, und nach etwa zwölf Wochen sortiert und klassifiziert.

Taleggio

Norditalien

Der Taleggio zählt zu den ältesten Weichkäsen, denn er wurde bereits im 11. Jahrhundert in dem gleichnamigen Tal bei Bergamo in der Lombardei erzeugt.

Die Herstellung erfolgte im Herbst und im Winter, wenn die Kühe müde – *stracche* – vom Almabtrieb waren, weshalb der erzeugte Käse auch als Stracchino-Käse bekannt wurde.

Der Taleggio ist heute als Fabrikkäse aus pasteurisierter Milch und als Rohmilch-Bauernkäse erhältlich und wird überwiegend zu flachen Quadraten von 20 cm Seitenlänge geformt. Er hat eine rötlich-orangefarbene gewaschene Rinde, die bei jungem Käse noch recht dünn ist, mit zunehmender Reife aber dick und wellig wird. Sie sollte allerdings keine Risse aufweisen.

Der blaßgelbe Teig ist geschmeidig und weist vereinzelt Löcher auf. Erstklassige Rohmilch-Versionen entwickeln ein ausgesprochen

Milch	Kuhmilch
Käsetyp	Weichkäse bis halbfester Schnittkäse
Fettgehalt	48 % Fett i. Tr.
Reifezeit	6 bis 10 Wochen
Geschmack	mild-würzig
Wein	Chianti classico oder Recioto di Soave

würziges Aroma, das an Rosinen, Nüsse und Zitronen erinnert, gepaart mit dezentem »Stallgeruch«. Der Käse zergeht auf der Zunge. Im Geschmack ist er angenehm würzig und fruchtig, dazu hat er Nuancen von gerösteten Nüssen mit einem cremigen Abgang.

Mit Walnußbrot und Früchten bildet der Taleggio die Krönung eines jeden Käsegangs. Als Imbiß serviert man ihn mit bitter schmeckenden Salaten und vollreifen Tomaten. Er schmilzt gut und schmeckt vorzüglich im Risotto oder auf Polenta. Auf Bruschetta mit Zucchini und Salbei sorgt er für zusätzliche Würze.

Die Herstellung von Taleggio in der Molkerei erfolgt zunehmend nach einem modernen Verfahren, wobei der Bruch durch ein Kochverfahren erzeugt wird. Im Gegensatz zu einem guten Taleggio aus bäuerlicher Produktion hat dieser Fabrikkäse einen reinweißen Teig und ist sehr viel milder im Geschmack

Oben: *Risotto mit Huhn, Zucchini und Taleggio*

VARIANTE

Robiola Lombardia: Kleine, runde Käse, die an Taleggio erinnern und unter verschiedenen Handelsnamen verkauft werden.

REZEPT

Gebratener Käse

Den Käse in 6 mm dicke Scheiben schneiden und auf beiden Seiten mit Mehl bestäuben. Durch leicht geschlagenes Ei ziehen und in Semmelbröseln wenden. Die panierten Käsescheiben in Butter oder Öl braten und mit einem Schaumlöffel aus der Pfanne heben. Sofort servieren und grünen Salat dazu reichen. In der Lombardei ißt man den Taleggio in dieser Zubereitung mit Brot und Spiegeleiern.

Tête de Moine

Schweiz

Der »Mönchskopf« ist ein Käse, der ursprünglich von den Mönchen der Prämonstratenserabtei Bellelay im Berner Jura erzeugt wurde und dessen Rezeptur die Ordensbrüder an die Milchbauern der Region weitergaben. Heute wird der Käse, der auch unter dem Namen Bellelay bekannt ist, ausschließlich aus der besonders nahrhaften Sommermilch erzeugt. Traditionell wird er nicht vor dem Herbst gegessen, wenn die ersten Blätter von den Bäumen fallen.

Heute stammt der Käse aus Genossenschaftskäsereien im Schweizer Jura. Im Gegensatz zu den meisten anderen Bergkäsen, die in recht großen runden Laiben hergestellt werden, hat der Tête de Moine eine elegante, zylindrische Form und wiegt im Schnitt nur 0,7 bis 2 kg.

Die braune bis rötlich-braune Rinde ist entweder glatt und leicht schmierig oder rauh und fest. Der fein-geschmeidige Teig ist

Milch	Kuhmilch
Käsetyp	Schnittkäse/Halbhartkäse
Fettgehalt	mind. 51 % Fett i. Tr.
Reifezeit	4 bis 6 Monate
Geschmack	blumig-würzig bis kräftig
Wein	Rotweine von der nördlichen Rhône

Oben: *Alle schweizer Käse tragen ein Etikett, auf dem Name und Ursprungsland des jeweiligen Käses vermerkt sind.*

strohgelb, dunkelt aber später etwas nach und zeigt eine kleine, eher spärliche Lochung sowie vereinzelt kleine Risse. Ältere Exemplare sind kräftig-würzig im Aroma (geröstete Nüsse und Stallgeruch) und schmecken blumig-würzig nach Unterholz und Nüssen.

Der Käse wird traditionell nicht geschnitten serviert, sondern geschabt und mit schwarzem Pfeffer und Kreuzkümmel bestreut. Dazu passen Kräcker in der genannten Geschmacksrichtung. Zu empfehlen ist auch die Kombination mit Bündner Fleisch und Gemüse-Rohkost oder frischem Obst.

Man kann den Käse auch schneiden, aber um die schönen Rosetten zu erhalten, benötigt man ein spezielles Schneidegerät, die Girolle, mit der sich der Käse, von dem zuvor ein Deckel abgeschnitten wurde, Schicht um Schicht hauchdünn abhobeln läßt. Die dabei anfallenden Rosetten erinnern entfernt an die Tonsur bei Mönchen, was vermutlich zur Namensgebung des Käses geführt hat.

Tetilla

Nordspanien

Die Milch für diesen kreiselförmigen Käse aus Galizien liefern Kühe, die auf den saftigen Wiesen jenseits der gebirgigen Küste weiden. Die Käsemeister der Region formten den Tetilla früher von Hand, heute dagegen wird seine typische Kegelform durch vorgefertigte Plastikformen erzeugt. Glücklicherweise hat die Massenproduktion nicht zwangsläufig zu Geschmackseinbußen geführt.

Der Käse hat eine dünne, gelbe Rinde mit einem grünlichen Schimmer. Sein blaßgelber Teig, der vereinzelt Löcher aufweist, ist elastisch und läßt sich gut schneiden. Mit dem feinen Milcharoma und dem karamelig-nußartigen und leicht zitronigen Geschmack zergeht der Käse geradezu auf der Zunge.

Tetilla serviert man in dünnen Scheiben mit Serrano-Schinken, Chorizos und einem Gläschen Fino Sherry. Mit gegrilltem Gemüse oder Artischockenherzen ist er auch exzellent als Brotbelag.

Milch	Kuhmilch
Käsetyp	halbfester Schnittkäse mit Naturrinde
Fettgehalt	45 % Fett i. Tr.
Reifezeit	8 bis 10 Wochen
Geschmack	mild bis würzig
Wein	Sherry oder Cava

Tilsiter

Deutschland

Der Tilsiter ist eigentlich eine Kreation holländischer Einwanderer, die einst in die frühere ostpreußische Stadt Tilsit (heute Litauen) kamen. Seitdem ist dieser pikante Käse oft kopiert worden und wird heute in ganz Deutschland hergestellt. In den neuen Bundesländern ist er auch unter dem Namen Tollenser bekannt.

Außer in der klassischen Radform wird der Tilsiter zunehmend in der handlichen Blockform produziert. Der Käse hat eine dünne, bräunliche Rinde, die während der Reifung mit Salzwasser und Rotschimmelkulturen abgerieben wird. Der geschmeidige, sehr elastische, aber recht feuchte hellgelbe Teig zeigt gerstenkorngroße Löcher und auch Schlitze.

Vor allem die in Blockform hergestellten Käse sind in Aroma und Geschmack mild und nur leicht würzig, typischer und besser sind die Tilsiter mit der angenehm pikanten Note.

Der Tilsiter ist ein vielseitig verwendbarer Käse. In Deutschland ißt man ihn als Brotbelag zum Frühstück, gewürfelt in Salaten oder präsentiert ihn am Stück auf einer Käseplatte. Dank seiner guten Schmelzeigenschaften ist er nicht nur ideal zum Überbacken, z. B. von Cheeseburgern, sondern auch für Käsesaucen gut geeignet.

Milch	fettarme Kuhmilch
Käsetyp	Schnittkäse/Halbhartkäse
Fettgehalt	30 bis 60 % Fett i. Tr.
Reifezeit	6 Monate
Geschmack	mild bis pikant-würzig
Getränk	Bier

VARIANTEN

Schweizer Tilsiter: Der unter dem Namen Royalp exportierte Käse ähnelt mit seinen großen Löchern und der festen Konsistenz mehr dem Appenzeller. Auch geschmacklich unterscheidet er sich vom deutschen Original durch seine ausgeprägte Würze.

Havarti: Ein dänischer Tilsiter, der je nach Alter mild-säuerlich bis kräftig aromatisch schmeckt.

Kardella: Eine australische Tilsiter-Variante, hergestellt von Top Paddock Cheeses im Bundesstaat Victoria.

REZEPT

Bremer Toast

2 Scheiben kräftiges Roggen- oder Vollkornbrot toasten und eine Handvoll geschälte Spargelstangen dämpfen, bis sie weich sind. Etwas Butter in einer Pfanne zerlassen und darin 4 Schweine- oder Kalbsmedaillons von jeder Seite 4 bis 5 Minuten braten. Je 2 Medaillons und einige Spargelstangen auf eine Brotscheibe legen und mit 1 Scheibe Tilsiter abdecken. Unter den heißen Grill schieben, bis der Käse Blasen wirft.

Tomme de Savoie

Nordostfrankreich

Der Tomme de Savoie ist einer der besten Käse aus der Tomme-Familie. Er wird in den französischen Départements Savoie und Haute-Savoie nahe der Schweizer Grenze hergestellt. *Tomme* (»Stück«) ist eine Sammelbezeichnung für runde Schnittkäse vom Käsemeister.

Typisch für den Tomme ist das rustikale Aussehen der harten, mit grauem Schimmelrasen überzogenen Rinde. Der elfenbeinfarbene Teig, der zum Rand hin dunkler wird, ist geschmeidig und von kleinen Löchern durchsetzt. Das Aroma ist ausgeprägt grasig mit Nuancen von Ammoniak, Pilzen und Karamel, der Geschmack etwas milder, aber würzig mit einer karamelartig-zitronigen Note.

Man hüte sich vor den faden Doppelgängern des Tomme de Savoie. Der echte trägt die Aufschrift »fabriqué en Savoie«, während »affiné en Savoie« nichts über das Herstellungsgebiet aussagt.

Der Tomme de Savoie schmeckt ausgezeichnet zu Brot oder Salat.

Milch	Kuhmilch
Käsetyp	halbfester Schnittkäse
Fettgehalt	20 bis 40 % Fett i. Tr.
Reifezeit	2 Monate
Geschmack	mild bis ausgeprägt würzig
Wein	Beaujolais

Freiburger Vacherin

Schweiz

Dieser halbfeste Schnittkäse aus dem Schweizer Kanton Freiburg/Fribourg ist mit seinem nußartigen Geschmack dem italienische Fontina ähnlich.

Der Freiburger Vacherin (bzw. Vacherin fribourgeois) wird in runden Laiben mit etwa 30 bis 40 cm im Durchmesser und 7 bis 8 cm Höhe hergestellt. Er weist eine dünne Rinde mit braun-gelblicher Schmiere und einen blaßgelben, von kleinen Löchern durchsetzten Teig auf. Der Käse hat einen ausgeprägten Stallgeruch und einen Geschmack nach Heu, Ammoniak, Pilzen und Karamel.

Der junge Käse ist fester in der Konsistenz. Gereifter Käse aus Wintermilch heißt Vacherin pour fondue, ist weicher und für das Freiburger Fondue *moitié-moitié* bestimmt, das aus Greyerzer und aus Vacherin zubereitet wird. Mit seinem relativ niedrigen Schmelzpunkt kann Vacherin für alkoholfreie Fondues verwendet werden.

Milch	Kuhmilch
Käsetyp	halbfester Schnittkäse
Fettgehalt	45 % Fett i. Tr.
Reifezeit	3 bis 6 Monate
Geschmack	mild bis aromatisch
Wein	Rioja

Vacherin Mont d'Or

Nordostfrankreich

Der Vacherin Mont d'Or ist nach einem Berg im Jura benannt. 1973 beanspruchte die Schweiz diesen Namen für ihre Vacherin-Version. Seitdem wird der ursprungsgeschützte französische Vacherin Mont d'Or als Mont d'Or oder Vacherin de Haut-Doubs verkauft.

Das Ungewöhnliche an diesem zart-schmelzenden, aromatischen Käse ist die Tatsache, daß er aus roher Wintermilch hergestellt wird, denn normalerweise bedarf es würziger Sommermilch, um einen so delikaten Käse zu erzeugen.

Der Vacherin Mont d'Or wird in runden Laiben mit einem Durchmesser von 15 bis 30 cm hergestellt. Jeder Käse ist mit Tannenrinde umgürtet und steckt in einer Spanholzschachtel. Diese Verpackung hält den Käse nicht nur in Form – gut durchgereift ist der Teig nämlich sehr weich –, sondern verleiht ihm auch den typisch harzigen Geschmack.

Milch	Rohmilch von Kühen
Käsetyp	Weichkäse
Fettgehalt	50 % Fett i. Tr.
Reifezeit	3 Wochen bis 2 Monate
Geschmack	mild-aromatisch
Wein	Riesling

Der Käse ist mit weißem Flaum überzogen, der sich während der Reifung bernsteinfarben bis rotbraun färbt und wellt. Ungereift hat der Vacherin Mont d'Or einen blaßgelben Teig mit leichtem Grünschimmer und ist von kleinen Löchern durchsetzt. In diesem Stadium

ist er weich und streichfähig. Am besten schmeckt der Käse jedoch in vollreifem Zustand, wenn er zerfließt. Im Aroma ist er zwar recht mild und angenehm milch-säuerlich, im Geschmack jedoch sehr aromatisch und würzig mit einer Spur »Stallgeruch«.

Einen gut gereiften Vacherin Mont d'Or ißt man, indem man die Rinde oben abschneidet und den zerfließenden Käseteig auslöffelt. Im Jura ergibt der Käse mit Pellkartoffeln und Kreuzkümmel eine komplette Mahlzeit. Manchmal wird der Käse auch mit Wein übergossen, mitsamt Schachtel in Alufolie gewickelt und 20 Minuten gebacken.

Zum Nachtisch serviert man einen ganzen Käse mit einfachen Kräckern und einer Auswahl an Früchten. Man kann den Käse aber auch auf Toastbrot streichen und kurz im Ofen überbacken. Dazu schmeckt ein edler Riesling.

VARIANTE

Vacherin Mont d'Or Switzerland: Eine nahezu identische Variante des französischen Vacherin Mont d'Or, hergestellt aus pasteurisierter Milch auf der Schweizer Seite des Jura. Die Käsereien, die diesen Käse erzeugen, sind in der Gegend des Lac de Joux angesiedelt, weshalb der Käse auch Mont d'Or de Joux heißt.

Valençay

Mittelfrankreich

Angeblich wurde der Valençay eigens für den französischen Staatsmann Talleyrand »erfunden« und nach dessen Besitz Château de Valençay benannt. Der wie eine abgeschnittene Pyramide geformte Käse ist auch unter dem Namen Pyramide bekannt. Im Sommer und Herbst wird er auf den Bauernhöfen der Region zum Verkauf angeboten. Valençay aus der Molkerei ist ganzjährig erhältlich.

Der Valençay hat eine sandfarbene Rinde und ist oft mit Holzkohle geschwärzt. Bei jungem Käse ist der weiße Teig noch weich und ziemlich feucht, gut durchgereift hat er die Konsistenz von Reibkäse. Er hat kein übermäßig ausgeprägtes Ziegenmilcharoma, aber eine recht würzige Note. Der Käse ist mild mit einem zitronigen Nachgeschmack.

Man ißt diesen Ziegenkäse auf Brot oder mit Toast. Valençay paßt auch gut zu einer Käseplatte oder einem Käsebuffet.

Milch	Ziegenmilch
Käsetyp	weicher bis fester Ziegenkäse
Fettgehalt	45 % Fett i. Tr.
Reifezeit	4 bis 5 Wochen
Geschmack	mild bis würzig
Wein	kalifornischer Fumé blanc

Wensleydale

Nordostengland

Auch wenn es in den vergangenen Jahrzehnten in der Käseproduktion viele Veränderungen gab, so wird der Wensleydale trotzdem noch immer im gleichnamigen Ort im Nordwesten von Yorkshire und auf einigen benachbarten Bauernhöfen hergestellt. Ursprünglich wurde der Käse von Mönchen der Abteil Jervaulx aus der Milch von Schafen und Ziegen erzeugt.

Die Käselaibe in Zylinderform sind je nach Größe entweder umtucht oder gewachst. Der Wensleydale hat eine dünne, trockene Naturrinde von blaßgelber Farbe. Der gelbliche Teig ist fest, aber krümelig und hat ein feines Milcharoma mit einer angenehm grasigen Note. Auch der Geschmack ist ähnlich: erst fein-säuerlich, dann fruchtig nach grünen Äpfeln mit einem angenehm zitronigen Nachgeschmack.

In Großbritannien sind Früchtebrot, Ingwer-Pfefferkuchen sowie die berühmte Apple Pie die traditionellen Begleiter des Wensleydale.

Milch	Kuhmilch und kleine Mengen Schafmilch
Käsetyp	Hartkäse mit umtuchter Naturrinde
Fettgehalt	45 % Fett i. Tr.
Reifezeit	2 bis 6 Monate
Geschmack	leicht säuerlich bis mild-aromatisch
Wein	Chardonnay

Natürlich schmeckt der Käse auch gut mit Brot und Kräckern. Nicht minder köstlich ist die Kombination mit frischem Obst, etwa Birnen und Trauben. Mit Wensleydale läßt sich auch gut kochen. Zu empfehlen ist seine Verwendung in Käsegebäck, Käsesuppe mit Sellerie und gefüllten Pilzen, aber auch zum Überbacken von Speisen. Wensleydale sollte möglichst rasch nach dem Einkauf verzehrt werden.

Der Käse wird aus pasteurisierter Milch unter Verwendung von pflanzlichem Lab hergestellt. Der Käsebruch wird zerteilt, »gebrannt« und anschließend in Blöcke geschnitten. Nach dem Salzen werden diese maschinell zerkleinert, dann in die Käseformen gefüllt und leicht gepreßt. Aus der Form gelöst, werden die Käselaibe sorgfältig umtucht, im Trockenraum gelagert und anschließend zwei bis sechs Monate gereift.

VARIANTEN

Smoked Wensleydale: Gereifter Wensleydale, der 24 Stunden geräuchert wird und dadurch ein delikates Aroma entwickelt.
Blue Wensleydale: Früher wurde der Wensleydale überwiegend als Blauschimmelkäse hergestellt, und heute wird diese alte Tradition wieder gepflegt. Der Käse schmeckt geschmolzen und mit Frühlingszwiebeln auf Toast oder zu Ofenkartoffeln. Es ist auch geräuchert erhältlich.

REZEPT

Panaggerty

Panaggerty ist ein in der schottischen Grafschaft Northumberland beheimateres Gericht, das ausgezeichnet mit geriebenem Wensleydale schmeckt. Etwas Öl in einer Bratpfanne erhitzen. 450 g in hauchdünne Scheiben geschnittene Kartoffeln mit 225 g Zwiebelringen und 110 g geriebenem Wensleydale in dieser Reihenfolge in die Pfanne schichten. Zugedeckt bei schwacher bis mittlerer Hitze 30 Minuten garen, bis die Kartoffeln weich und auf der Unterseite kräftig gebräunt sind. Den Deckel abnehmen und die Pfannne kurz unter den heißen Grill schieben, bis sich eine schöne goldgelbe Kruste gebildet hat.

Register

Bildnachweis und Dank

Bildnachweis

Seite 7, Seite 13: e. t. archive; Seite 9: H. J. Errington & Co.; Seite 10, Seite 31, Seite 194: Food & Wine from France Ltd; Seite 12, Seite 25: Easter Weens Farm, Bonchester Bridge; Seite 14: Westbury Communications Ltd; Seite 15: Osbourne Publicity Services Ltd; Seite 16, Seite 17: Italian Trade Centre; Seite 18, Seite 211: Cheeses from Switzerland Ltd; Seite 19: Dutch Dairy Bureau; Seite 21, Seite 46, Seite 79, Seite 159: Foods from Spain, Spanish Embassy Commercial Office; Seite 22, Seite 161: Maytag Dairy Farms, Iowa; Seite 26: Jacqui Hurst; Seite 32, Seite 28 links: Colston Bassett & District Dairy Ltd; Seite 28 rechts: Alvis Brothers Ltd, Lye Cross Farm; Seite 29: J. & L. Grubb Ltd; Seite 30, Seite 43: The Highpoint Partnership; Seite 205: Westbury Blake; Seite 211: Gregory, Ellis, Martin & Partners Ltd

Danksagung

Der Verlag dankt allen, die durch ihre tatkräftige Unterstützung zum Gelingen dieses Buches beigetragen haben: La Fromagerie, 30 Highbury Park in London, für die zahlreich zur Verfügung gestellten Bauernkäse in diesem Käseführer und Divertimenti in London für die freundliche Leihgabe der hier abgebildeten Gerätschaften. Des weiteren dankt der Verlag folgenden Produzenten und Institutionen für ihre Beiträge zu den diversen Käsesorten: Tillamook County Creamery, Österreichische Handelsvertretung, Ticklemore Cheese, Easter Weens Farm, Field MacNally Leathes PR im Namen von Boursin, Louis und Jane Grubb von der Lye Cross Farm, J. L. & E. Montgomery, S. H. & G. H. Keen, Mrs. Appleby von der Broad Hay Farm, Lynher Valley Dairy, High Point PR im Namen von MD Foods plc, Mrs. Smart von Smarts Gloucester Cheese, Gubbeen Farmhouse Products Ltd, H. J. Errington & Co, Wensleydale Dairy Products Ltd sowie Besnier Ltd.